Gotthard Breit, Siegfried Frech

Politik durchschauen

Leitfaden für den erfolgreichen Durchblick

WOCHEN
SCHAU
VERLAG

Bibliografische Information der Deutschen Nationalbibliothek
Die Deutsche Nationalbibliothek verzeichnet diese Publikation in der Deutschen Nationalbibliografie; detaillierte bibliografische Daten sind im Internet unter http://dnb.d-nb.de abrufbar.

3., vollständig überarbeitete Auflage

www.wochenschau-verlag.de

Umschlagabbildung: fotolia.de (S. Silver)/Wochenschau Verlag
Gedruckt auf chlorfrei gebleichtem Papier
Gesamtherstellung: Wochenschau Verlag
ISBN 978-3-7344-1572-2 (Buch)
E-Book ISBN 978-3-7566-1572-8 (PDF)
DOI https://doi.org/10.46499/2049

INHALT

EINFÜHRUNG

Was dieser kleine Leitfaden soll

Der Leitfaden will eine Hilfe beim alltäglichen politischen Analysieren, Beurteilen und Handeln sein. Im Mittelpunkt dieses Buches stehen Fragen. Sie sind die Schlüssel, die Ihnen den Zugang zur Politik aufschließen. Hinter den Fragen stehen Schlüsselbegriffe (Kategorien) der Politik. Mit diesen Kategorien können Sie zum Kern der Politik vorstoßen. Dabei werden Sie entdecken, dass Politik wichtig ist und spannend sein kann.

Die Fragen entlasten nicht vom selbstständigen Denken, denn die Antworten müssen Sie schon selbst suchen. Die Vielzahl der Fragen kann abschreckend wirken. Daher soll gleich zu Beginn vor zwei Missverständnissen gewarnt werden:

- Die Fragen sind ein Angebot, aus dem Sie auswählen können. Niemand soll sich verpflichtet fühlen, alle Fragen vollständig abzuarbeiten. Wenn Sie nur eine Frage zur eigenständigen Beschäftigung mit Politik auswählen, dann hat sich die Mühe der Lektüre gelohnt.
- Die Fragen sind trotz der Fülle keineswegs vollständig. Wenn Sie beim Benutzen des Handbuches eigene Fragen formulieren, dann stellt dies das beste Ergebnis Ihrer Anstrengungen dar. Um die Anwendung der Fragen zu erleichtern, werden zunächst

die Schlüsselfragen und Schlüsselbegriffe (Kategorien) erklärt, aufgelistet und kommentiert. Danach demonstrieren wir die Anwendung an Beispielen. Dieses Vorgehen soll Sie ermuntern, selbst mit dem Fragenangebot beim Durchschauen von Politik „großzügig“ und souverän umzugehen.

Eine übersichtliche Zusammenstellung sämtlicher Schlüsselbegriffe und Schlüsselfragen finden Sie im Mittelteil des Leitfadens. Wichtige Kriterien und Fragen zur politischen Urteilsbildung sowie eine Übersicht über politische Beteiligungsmöglichkeiten finden Sie ebenfalls im Mittelteil.

Wir sprechen im Teil Recherchetipps auch Techniken kurz an, die die Arbeit mit Texten aus dem Internet und mit Zeitungstexten erleichtern.

Schlüsselbegriffe stoßen zum Kern von Politik vor.

Politik ist für jede und jeden von uns wichtig

Für viele Bürger*innen ist Politik ein Bereich, zu dem sie nur schwer Zugang finden. In der Politik sind Akteur*innen am Werk, deren Namen bekannt sind und deren Gesicht man vom Fernsehen kennt. Über ihre Tätigkeit herrschen jedoch nur vage Vorstellungen. Das ist aus mehreren Gründen schade:

- Über Politik kann man täglich so viel erfahren – in den Zeitungen und im Internet, im Rundfunk und Fernsehen, aber auch durch Gespräche in der Familie und am Arbeitsplatz.
- Politik ist für jede und jeden von uns wichtig. Wir bekommen es zu spüren, wenn die Steuern erhöht werden, wenn eine Pandemie uns bedroht, Kriege ausbrechen oder der Klimaschutz verschlafen wird. Wir freuen uns alle darüber, wenn Mauern fallen und Grenzen geöffnet werden, Arbeitsplätze entstehen und verfeindete Völker aufhören, sich gegenseitig zu bekriegen.
- Politik ist spannend, unterhaltsam und voller Überraschungen. Jede Entscheidung, jedes Wahlergebnis wird wahrscheinlich eine Variante enthalten, die man nicht vorhergesehen hat. Den Werdegang von Politiker*innen zu verfolgen und an ihren Karrieren teilzunehmen, kann bereichernd sein.
- Schließlich ist die politische Beteiligung mündiger, d. h. selbstständig denkender und handelnder Bürger*innen für den Bestand unserer Demokratie wichtig. Politiker*innen müssen wissen, dass sie kontrolliert werden. Sie haben aber auch einen

Anspruch auf ein angemessenes Problem- und Politikverständnis bei ihren Wähler*innen. Nur dann werden sie sich für Problemlösungen entscheiden, die ihnen vernünftig erscheinen, auch wenn sie zunächst wehtun. Bürger*innen, die nicht mitdenken, sondern nur schimpfen, verleiten Politiker*innen dazu, notwendige, aber harte Entscheidungen auf die lange Bank zu schieben. Das bittere Ende für alle kommt aber bei dieser Praxis bestimmt.

„Die Politik bedeutet ein starkes langsames Bohren von harten Brettern mit Leidenschaft und Augenmaß zugleich. Es ist ja durchaus richtig, und alle geschichtliche Erfahrung bestätigt es, dass man das Mögliche nicht erreichte, wenn nicht immer wieder in der Welt nach dem Unmöglichen gegriffen worden wäre."

Aus: Max Weber (1919) 1992: Politik als Beruf. Stuttgart, S. 82. Max Weber (Foto: A. Bischoff, Jena, 1917)

Zeitungstexte – eine wichtige Informationsquelle

„Nichts ist so alt wie die Zeitung von gestern", lautet ein bekannter Satz. Wer das politische Geschehen mitverfolgen, beurteilen, politisch mitreden und mitwirken will, benötigt Informationen. Gedruckte Zeitungstexte und Informationen im Internet sind die wichtigsten Quellen, mit denen Sie das politische (Tages-) Geschehen analysieren und bewerten können. Inzwischen findet man tagesaktuelle Texte vieler Zeitungen online im Internet. In den letzten Jahren hat die Zahl derer zugenommen, die Zeitungen und Magazine nur noch im Internet lesen.

Politik erschließt sich durch das Lesen von Nachrichten, Berichten, Kommentaren und Reportagen. Tageszeitungen und Wochenzeitschriften berichten – mit unterschiedlicher Ausführlichkeit, Sachkunde und journalistischer Qualität – über Politik. In Zeitungstexten spiegeln sich in vielschichtiger Weise und jeweils anderer „Beleuchtung" die politischen Ereignisse, Debatten, Probleme, Prozesse, Strukturen und Entscheidungen unserer Zeit wider. Zudem liegen die Erzeugnisse der Tagespresse gedruckt oder online vor – also greifbar und weit weniger flüchtig als Fernseh- oder Rundfunksendungen.

POLITISCHE ANALYSE – SCHLÜSSELBEGRIFFE UND SCHLÜSSELFRAGEN

Der erste Zugang: Einstiegsfragen

Der Einstieg in die Untersuchung eines politischen Vorgangs fällt schwer. Drei einfache Fragen erleichtern den Beginn und setzen die eigene Analyse in Gang.

Diese Fragen kann man an jeden politischen Vorgang stellen:
- Worum geht es?
- Wer ist daran beteiligt? (Frage nach den Akteur*innen)
- Welche Interessen vertreten die Akteur*innen?

Ein Beispiel
Am 3. April 2022 sind die Corona-Regeln weitgehend weggefallen. Die Maskenpflicht kann, etwa in Krankenhäusern oder Pflegeeinrichtungen, bestehen bleiben. Inzwischen (im Jahr 2023) besteht fast in allen Lebensbereichen keine Maskenpflicht mehr.

Minister an die Schüler: Bitte tragt Maske!

Die Pflicht entfällt, doch Grant Hendrik Tonne meint, zumindest erst einmal sollte die Sicherheit vorgehen.

Hannover. Angesichts der wegfallenden Maskenpflicht an den Schulen ruft Niedersachsens Kultusminister Grant Hendrik Tonne (SPD) die Schüler und Lehrer dazu auf, an den ersten Schultagen nach Ostern freiwillig eine Maske zum Schutz vor Corona zu tragen. „Die Maske tut nicht weh und bietet einem selbst und den anderen Schutz", sagte Tonne der „Neuen Osnabrücker Zeitung". [...]

Grundsätzlich sei es schön für die Schüler, dass sie keine Maske mehr tragen müssten, betonte der Minister. [...]

(Braunschweiger Zeitung, 19.4.2022, ohne Seitenangabe)

Die drei Einstiegsfragen erleichtern die Untersuchung eines politischen Vorgangs.

- **Worum geht es?** Es geht um die Pflicht, Masken zu tragen. Diese Pflicht wurde weitgehend aufgehoben.
- **Wer ist daran beteiligt?** In dem Zeitungstext werden Niedersachsens Kultusminister Tonne und die niedersächsischen Schüler*innen und Lehrer*innen genannt.
- **Welche Interessen verfolgen die Akteur*innen?** Der Minister sorgt sich um die Gesundheit der Lehrer*innen und Schüler*innen.

Diese haben die Wahl zwischen Schutz oder Wegfall der lästigen Maskenpflicht.

Die Einstiegsfragen und deren Beantwortung fallen nicht schwer. Sie erleichtern den Zugang zur Politik. Zieht man aber in die Untersuchung das Gesetz mit ein, das die Maskenpflicht weitgehend aufhebt (Infektionsschutzgesetz), dann befindet man sich in einer schwierigen Analyse eines komplexen politischen Konflikts (Bundestag, Bundesregierung, Bundesrat, Regierungen der Bundesländer).

Diese Einstiegsfragen und ihre Antworten vermitteln einen ersten Eindruck von Politik. Doch es bleiben viele Fragen offen. Wer sich besser informieren möchte, muss weiter fragen.

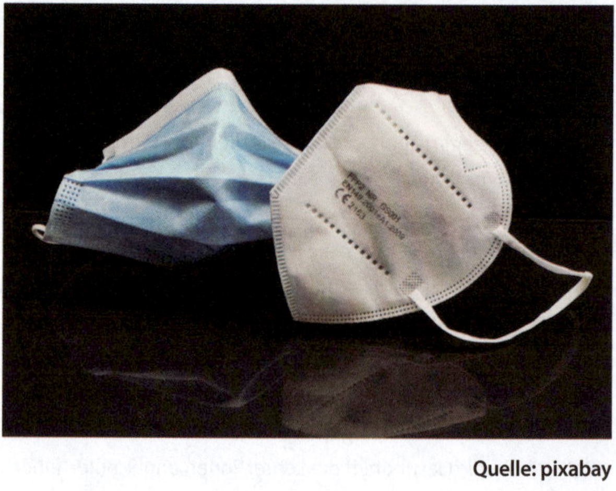

Quelle: pixabay

POLITIKBEGRIFFE

Die richtigen Fragen an die Politik können Sie nur stellen, wenn Sie eine Vorstellung davon haben, was Politik ist. In der Politik geht es im Wesentlichen um drei Dinge: (1) um die Bestimmung von Zielen; (2) um die Bewältigung von Aufgaben und insbesondere um die Lösung von Problemen; (3) um den Erwerb und den Erhalt von Macht.

Politikbegriff 1:
Die drei Dimensionen des Politischen

Politiker*innen möchten Ziele bestimmen, Aufgaben bewältigen und Probleme lösen. Dazu benötigen sie Macht. Das Bemühen um Aufgabenbewältigung und das Streben nach Macht führen zu Konflikten. Politiker*innen haben Konkurrent*innen – in der eigenen Partei und in den anderen Parteien. Diese wollen auch Probleme lösen – und zwar auf ihre Art. Daher streben auch sie nach Macht. In der Politik wird immer um Inhalte und zugleich auch um Macht gestritten. Diese Konflikte werden in einem Handlungsrahmen ausgetragen. Dieser Rahmen bestimmt die Art und Weise der politischen Auseinandersetzungen.

Bei einem politischen Vorgang kann man zwischen drei Dimensionen unterscheiden. Sie können unterscheiden zwischen:

- der Dimension **Inhalt** von Politik, d. h. den Aufgaben von Politik (Ziele benennen, Aufgaben in Angriff nehmen, Probleme erkennen und benennen, Problemlösungen entwickeln);
- der Dimension **Prozess** von Politik, d. h. den Auseinandersetzungen zwischen den politischen Akteur*innen um die Bewältigung dieser Aufgaben und den Erhalt bzw. den Erwerb von Macht;
- der Dimension **Form** von Politik, d. h. dem Handlungsrahmen, in dem diese Konflikte ausgetragen werden. In der Innenpolitik wird der Handlungsrahmen wesentlich von der Verfassung (Grundgesetz) bestimmt.

Will man nun einen politischen Vorgang aufschlüsseln, kann man nach genau diesen drei Dimensionen fragen. Wenn man die Frage nach dem **Inhalt** von Politik stellt, stößt man zumeist auf Probleme. Stellt man die Frage nach dem **Prozess**, trifft man fast immer auf Auseinandersetzungen. Und fragt man schließlich nach der **Form** von Politik, entdeckt man den Handlungsrahmen, in dem diese Auseinandersetzungen ausgetragen werden (Verfassung, Rechtsordnung).

Diese Unterscheidung ist eigentlich gar nicht so schwer. Eine inhaltliche, prozessuale und formale Dimension hat auch das Geschehen in einer Familie oder in einem Fußballverein. Menschen bewegen sich auch hier innerhalb von Regelungen, die den Handlungsrahmen (**Form**) festlegen. Es geht um Aufgaben, Entscheidungen und Problemlösungen (**Inhalt**) und es werden

Auseinandersetzungen darüber nach unterschiedlichen Interessen ausgetragen (**Prozess**).

Politik durchschauen mit den Fragen zu den drei Dimensionen des Politischen

Damit Sie die drei Dimensionen **Inhalt**, **Prozess** und **Form** angemessen analysieren und verstehen können, helfen ihnen die nachfolgenden Schlüsselfragen weiter.

Fragen zur Untersuchung eines politischen Problems (Inhalt)

Schlüsselbegriffe	Schlüsselfragen
Inhalt und Ausmaß	Worum geht es? Welches Problem soll gelöst werden? Welches Ausmaß hat das Problem?
Ursache	Was sind die Ursachen des Problems?
Folgen	Welche Folgen zieht das Problem nach sich?
Lösungen	Welche Problemlösungen werden genannt?
Folgen	Welche Folgen sind bei einer Problemlösung vorhersehbar? Welche unerwünschten Nebenwirkungen können eintreten?

Fragen zur Untersuchung einer politischen Auseinandersetzung (Prozess)

Schlüsselbegriffe	Schlüsselfragen
Akteur*innen	Wer ist an der Auseinandersetzung beteiligt?
Verlauf	Wie verläuft die Auseinandersetzung? Wer setzt sich durch?
Interesse	Welche Interessen verfolgen die Akteur*innen? In wessen Interesse liegt eine bestimmte Problem- bzw. Konfliktlösung?
Macht, Herrschaft, Einfluss	Welche Möglichkeiten besitzen die Akteur*innen, ihre Interessen gegenüber anderen durchzusetzen?
Methoden der Interessendurchsetzung	Welche Methoden wenden die Akteur*innen zur Durchsetzung ihrer Interessen an?
Legitimation	Sind die Akteur*innen zu ihrem Vorgehen berechtigt (legitimiert)? Welche Gründe führen sie zur Rechtfertigung ihres Vorgehens an?

Fragen zur Untersuchung des politischen Handlungsrahmens (Form)

Schlüsselbegriffe	Schlüsselfragen
Recht	Welche rechtlichen Grenzen sind den Akteur*innen gesetzt?
Institution/ Organisation	Welche Institution bzw. Organisation vertreten die Akteur*innen?
Aufgaben, Funktion	Welche Aufgaben hat die einzelne Institution (Organisation)?
Aufbau	Wie ist die Institution (Organisation) aufgebaut?
Abhängigkeit/ Verflechtung	Wie hängen die Institutionen (Organisationen) voneinander ab? Wie arbeiten sie zusammen?
Kontrolle	Wer übt Kontrolle aus?
Rechte und Schutz der Bürger*innen	Welche Rechte und Beteiligungsmöglichkeiten besitzen die Bürger*innen? Welchen Schutz genießen sie?

Anwendung der Schlüsselfragen an zwei Beispielen

Zur Analyse eines politischen Vorgangs trifft man eine Auswahl aus den angebotenen Schlüsselbegriffen und Schlüsselfragen. Wenn notwendig, entwickelt man weitere dazu. Im Folgenden werden nicht alle aufgelisteten Schlüsselbegriffe und Schlüsselfragen herangezogen. Die Dimensionen des Politischen und die dazu entwickelten Tabellen mit Begriffen und Fragen haben ihren Zweck erfüllt, wenn Ihnen damit der Einstieg in die Analyse leicht fällt.

▸ Eine Frage – mehrere Antwortmöglichkeiten

Auf jede Frage gibt es unterschiedliche Antwortmöglichkeiten. Im „Ernstfall" müssen Sie zu den Fragen eine Antwort finden, die sie begründen und ggf. in einer Diskussion gut vertreten können. Die folgenden Antworten sollen lediglich die Anwendung der Dimensionen des Politischen mit den Schlüsselbegriffen und Schlüsselfragen demonstrieren. Schlüsselbegriffe und Schlüsselfragen zu den Dimensionen des Politischen sollen zunächst an einem gekürzten Zeitungstext demonstriert werden.

Beispiel 1

Anwendung der Schlüsselfragen zur Untersuchung eines Zeitungstextes

Cannabis ist nicht harmlos

Die Legalisierung kommt kaum von heute auf morgen.

Ein Interview mit dem Drogenbeauftragten Burkhard Blienert

Im Koalitionsvertrag der Ampel steht ein scheinbar einfacher Satz: „Wir führen die kontrollierte Abgabe von Cannabis an Erwachsene zu Genusszwecken in lizenzierten Geschäften ein." Wer allerdings erwartet hat, dass man nur ein Gesetz erlassen müsse, und dann werde legal, was gestern illegal war, hat die Komplexität der Sache unterschätzt. Es wird ein langer, schwieriger Prozess. Wir haben darüber mit Burkhard Blienert, Sozialdemokrat und neuer Drogenbeauftragter der Bundesregierung, gesprochen. […]

Auf dem Feld der Drogen sind Fragen der Ökonomie, des Gesundheitsschutzes und der Kriminalitätsbekämpfung sehr eng miteinander verknüpft. Man muss eigentlich sagen: Das beste Argument für die Legalisierung ist der Kampf gegen die, die mit der Droge handeln. Wie stimmt sich die Bundesregierung da ab?

Ja, den Koalitionsvertrag umzusetzen ist ein komplexes Vorhaben. Das Bundesgesundheitsministerium hat dabei den Hut auf und leitet den ganzen Prozess. Das Ganze wird in ein parlamentarisches Verfahren münden. Und die Aufgabe, die vor mir liegt, ist auch ein Kommunikationsprozess: Was sind die Punkte, die zu beachten sind? Welche Zusammenhänge müssen zur Kenntnis genommen werden?

Was geschieht eigentlich mit den anderen illegalen Drogen: Kokain, Heroin, Methamphetamin? Warum werden die nicht entkriminalisiert?

Die Regierung hat sich darauf verständigt, jetzt diesen Weg bei Cannabis zu gehen. Das ist politisch eine große Aufgabe, das ist es, was zu schaffen ist in den kommenden dreieinhalb Jahren. Im Koalitionsvertrag stehen nur ein paar Wörter: „die kontrollierte Abgabe an Erwachsene in lizenzierten Geschäften“. Das werden wir herunterbuchstabieren, mit allem, was dazugehört. Und ich freue mich auf die Auseinandersetzungen in der Gesellschaft: darüber, welche Rolle der Rausch und die Genussmittel spielen, historisch, kulturell. Als Politiker ist meine Aufgabe aber, zu klären, wie wir unsere Ziele erreichen können. […]

(Frankfurter Allgemeine Zeitung, 14.3.2022, S. 12)

Quelle: pixabay

Dimension: Inhalt des Politischen

‣ **Worum geht es? Welches Problem soll gelöst werden? Welches Ausmaß hat das Problem?** (Schlüsselbegriffe Inhalt und Ausmaß): Es geht um die Ankündigung im Koalitionsvertrag der Bundesregierung: „Wir führen die kontrollierte Abgabe von Cannabis an Erwachsene zu Genusszwecken in lizenzierten Geschäften ein."

‣ **Was sind die Ursachen des Problems?** (Schlüsselbegriff Ursache): Die Umsetzung in den kommenden dreieinhalb Jahren ist ein komplexes Vorhaben.

‣ **Welche Folgen zieht das Problem nach sich?** (Schlüsselbegriff Folgen): Es wird nicht nur ein parlamentarisches Verfahren geben, sondern voraussichtlich auch eine Auseinandersetzung in der Gesellschaft.

‣ **Welche Problemlösungen werden genannt?** (Schlüsselbegriff Lösungen): Das Bundesgesundheitsministerium leitet den Prozess der Problemlösung. Der Drogenbeauftragte der Bundesregierung steuert den begleitenden Kommunikationsprozess.

‣ **Welche Folgen sind bei einer Problemlösung vorhersehbar? Welche unerwünschten Nebenwirkungen können eintreten?** (Schlüsselbegriff Folgen): Die Aufmerksamkeit konzentriert sich auf die Legalisierung von Cannabis. Andere illegale Drogen wie Kokain, Heroin und Methamphetamin geraten dadurch aus dem parlamentarischen Blickfeld.

Dimension: Prozess des Politischen

- **Wer ist an der Auseinandersetzung beteiligt?** (Schlüsselbegriff Akteur*innen): Das Bundesgesundheitsministerium, Bundestag und Bundesrat, der Drogenbeauftragte der Bundesregierung, Öffentlichkeit/Gesellschaft, zum Verkauf von Cannabis an Erwachsene lizenzierte Geschäfte, Erwachsene (keine Jugendliche!).
- **Wie verläuft die Auseinandersetzung? Wer setzt sich durch?** (Schlüsselbegriff Verlauf): Die Auseinandersetzung beginnt erst. Zu diesem Zeitpunkt ist es völlig offen, ob die Ankündigung im Koalitionsvertrag der Ampel (s. Glossar) durchgesetzt werden kann.
- **Welche Interessen verfolgt der Drogenbeauftragte?** (Schlüsselbegriff Interesse): Burkhard Blienert will mit seiner Arbeit helfen, das Drogenproblem zu entschärfen. Zudem ist er daran interessiert, einen wichtigen Beitrag zur Umsetzung einer Ankündigung im Koalitionsvertrag zu leisten und so die Bedeutung seines Amtes und seiner Person als Politiker unter Beweis zu stellen.
- **Welche Möglichkeiten besitzt Blienert, seine Interessen durchzusetzen?** (Schlüsselbegriffe Macht, Herrschaft, Einfluss): Blienert kann sich ausschließlich auf eine Aufgabe konzentrieren. Mit Fleiß und Geschick kann er sich Einflussmöglichkeiten zur Interessendurchsetzung erarbeiten.
- **Welche Methoden will Blienert zur Durchsetzung seiner Interessen anwenden?** (Schlüsselbegriff Methoden der Interessendurchsetzung): Blienert setzt auf Kommunikation. Zum einen möchte er die Kommunikation während des parlamentarischen Verfahrens beeinflussen. Zum anderen will er sich in die gesell-

schaftlichen Auseinandersetzungen einschalten (z. B. mit diesem Interview in der F.A.Z.) und so möglichst viele Bürger*innen von dem geplanten Vorhaben überzeugen.

- **Welche Gründe führt Blienert zur Rechtfertigung seiner Arbeit an?** (Schlüsselbegriff Legitimation): Als Politiker sieht sich der Drogenbeauftragte dazu legitimiert, zur Verwirklichung eines im Koalitionsvertrag angekündigten Vorhabens einen Beitrag zu leisten.

Dimension: Form des Politischen

- **Welche Aufgabe hat der Drogenbeauftragte?** (Schlüsselbegriff Institution/Organisation): Der Drogenbeauftragte bearbeitet das Drogenproblem im Auftrag der Bundesregierung.
- **Wie hängen das Bundesgesundheitsministerium, der Drogenbeauftragte und der Bundestag/Bundesrat zusammen?** (Schlüsselbegriff Abhängigkeit/Verflechtung): Das Bundesgesundheitsministerium bereitet das Gesetz vor und bringt es in den Bundestag ein. Es „hat den Hut auf" und bestimmt also den Prozess der Legalisierung von Cannabis. Der Drogenbeauftragte begleitet diesen Prozess. Bundestag und Bundesrat beschließen das Gesetz.
- **Wer übt Kontrolle aus?** (Schlüsselbegriff Kontrolle): Vor allem die Abgeordneten der Oppositionsparteien im Bundestag und die Länderregierungen im Bundesrat üben eine wichtige Kontrollaufgabe aus. Die Medien berichten über den Gesetzgebungsprozess. Zusammen mit ihrer Zustimmung bzw. Kritik geht von ihnen eine kontrollierende Wirkung aus. Daher bezeichnet man die Medien häufig auch als die vierte Gewalt.

▸ **Welche Rechte und Beteiligungsmöglichkeiten besitzen die Bürger*innen?** (Schlüsselbegriff Rechte und Schutz der Bürger*innen): Während des Gesetzgebungsprozesses können die Bürger*innen schon frühzeitig Kritik oder Zustimmung äußern. Opponiert ihre Mehrheit nachhaltig heftig, so kann dieser Widerstand die Legalisierung der kontrollierten Abgabe von Cannabis an Erwachsene zu Genusszwecken zum Stillstand bringen.

Die Bearbeitung der aufgelisteten Fragen zu Inhalt, Prozess und Form des Politischen anhand des Interviewauszuges ist anstrengend. Sorry! Andererseits vermittelt diese Mühe eine Vorstellung von Politik und dem Vorgehen von Politiker*innen. Der neu ernannte Drogenbeauftragte Blienert macht sich mit Eifer und Optimismus an die Arbeit. Er will etwas erreichen und man darf gespannt sein, wie weit er vorankommen wird. Herr Blienert verdient Respekt. Mit dem oft gehörten Spruch „Die da oben machen ja doch, was sie wollen!“ wird man ihm wie auch den meisten anderen Politiker*innen nicht gerecht. Vor dem Drogenbeauftragten liegt ein steiniger Weg voller Hindernisse, den zu begehen Durchhaltewillen erfordert. Und dabei wird Herr Blienert immer wissen, dass unter Umständen alle seine Mühen umsonst sein werden. Das wirkt nicht gerade anspornend.

Beispiel 2

Anwendung der Schlüsselfragen zur Untersuchung einer Meldung aus der Tagesschau

Antisemitismus in der Pandemie verstärkt

Während der Corona-Pandemie hat sich der Antisemitismus in Deutschland laut Verfassungsschutz deutlich verstärkt. Verschwörungserzählungen, Holocaust-Verharmlosung und Israelkritik verbreiten sich demnach nicht mehr nur am politischen Rand.

Antisemitische Ideen dringen nach Einschätzung des Verfassungsschutzes weiter in die Mitte der Gesellschaft vor. Es sei „erschreckend […]", sagte der Präsident des Bundesamtes für Verfassungsschutz, Thomas Haldenwang, anlässlich der Veröffentlichung des aktuellen Lagebildes Antisemitismus. […] Antisemitismus sei nicht mehr nur ein Phänomen am gesellschaftlichen Rand […], sagte Haldenwang. „Dies haben wir zunehmend bei den Protesten gegen die Corona-Schutzmaßnahmen oder bei Kundgebungen zum Nahost-Konflikt gesehen […]."
Mit dem Beginn der Impfungen gegen Covid-19 Ende 2020 habe die mitunter antisemitisch gefärbte Agitation weiter an Bedeutung gewonnen. Impfgegner behaupteten demnach beispielsweise, Juden versuchten „nun auch mittels Impfungen, ihre Pläne zur Erringung der Macht über die Menschheit zu verwirklichen". […] Hinzu kämen ein immer offener geäußerter israelbezogener Antisemitismus […].
Auch die seit Jahren anhaltende Verlagerung von antisemitischer Agitation in den digitalen Bereich wurde dem Lagebild zufolge durch die Pandemie verstärkt. Das Internet biete „eine Vielzahl von Möglichkeiten, rechtsextremistisches und antisemitisches Gedankengut bis hin zu terroristischen Gewaltfantasien und Planungen vergleichsweise ungestört auszutauschen und zu verbreiten", heißt es in dem Bericht. „Das Internet dient

als Nährboden und stellt einen wesentlichen Dynamisierungsfaktor im aktuellen Antisemitismus dar", erklärte Haldenwang. Neben bestimmten rechtsextremistischen Internet-Plattformen und Foren werde auch der Messengerdienst Telegram „auffällig häufig für die Verbreitung antisemitischer Beiträge genutzt". Er trage damit „zur Verfestigung eines antisemitischen Weltbilds zumindest innerhalb seiner Nutzerschaft bei".

Die in der Polizeistatistik aufgeführte Zahl antisemitischer Straftaten steige kontinuierlich an, sagte Haldenwang. Es sei aber davon auszugehen, dass hier lediglich „die Spitze des Eisbergs" sichtbar werde. „Wesentlich größer ist das Dunkelfeld, also diejenigen Vorfälle, die aus verschiedenen Gründen gar nicht erst zur Anzeige gebracht werden". Im Jahr 2020 waren von den Polizeibehörden bundesweit 2351 antisemitische Straftaten registriert worden – ein Anstieg um mehr als 15 Prozent im Vergleich zum Vorjahr. [...]

Bundesinnenministerin Nancy Faeser versprach mehr Schutz von Jüdinnen und Juden in Deutschland. Es sei eine „Schande für unser Land, wie viel antisemitische Hetze und Menschenverachtung auch heute verbreitet" würden. Es sei „beschämend, wie der Völkermord an den europäischen Juden von manchen Corona-Leugnern, die sich einen gelben Stern anheften, verharmlost wurde". Die SPD-Politikerin forderte, antisemitische Straftaten „mit großer Entschiedenheit" zu verfolgen. Der Kampf gegen Antisemitismus sei auch eine „Aufgabe für uns als Gesellschaft", erklärte sie. [...]

(https://www.tagesschau.de/inland/gesellschaft/verfassungsschutz-antisemitismus-103.html; 24.4.2022)

Quelle: pixabay

Zur Information

Antisemitismus ist eine bestimmte Wahrnehmung von jüdischen Mitbürger*innen. Charlotte Knobloch, seit 1985 Präsidentin der israelitischen Kultusgemeinde Münchens und Oberbayerns und von 2006 bis 2010 Präsidentin des Zentralrats der Juden in Deutschland, definierte im Wochenmagazin DER SPIEGEL (Nr. 41/2018) Antisemitismus kurz und bündig: „Früher war Antisemitismus die Ablehnung einer gewissen Bevölkerungsgruppe. Heute ist es schlicht und einfach Judenhass." Der Antisemitismus richtet sich gegen jüdische Menschen sowie gegen jüdische Gemeinden oder religiöse Einrichtungen. Darüber hinaus kann auch der Staat Israel Ziel solcher Angriffe sein.

Dimension: Inhalt des Politischen

- **Worum geht es? Welches Problem soll gelöst werden? Welches Ausmaß besitzt das Problem?** (Schlüsselbegriffe Inhalt und Ausmaß): Der Antisemitismus hat sich laut Verfassungsschutz während der Corona-Pandemie in Deutschland verstärkt. Er ist weiter in die Mitte der Gesellschaft vorgedrungen.
- **Was sind die Ursachen des Problems?** (Schlüsselbegriff Ursache): Mit dem Beginn der Impfungen (Ende 2020) haben die Corona-Proteste, begleitet von Verschwörungstheorien, Holocaust-Verleugnung und Israelkritik, zugenommen. Gleiches ist bei Kundgebungen zum Nahost-Konflikt zu beobachten. In den digitalen Medien wird antisemitisches Gedankengut verbreitet. Das Internet ist in Teilen eine „Radikalisierungsmaschine" (Julia Ebner).
- **Welche Folgen zieht das Problem nach sich?** (Schlüsselbegriff Folgen): Ein antisemitisches Weltbild ist nicht mehr nur an den Rändern der Gesellschaft festzustellen, sondern auch in der Mitte der Gesellschaft. Antisemitische Straftaten stiegen kontinuierlich an, im Jahr 2020 um mehr als 15 Prozent im Vergleich zu 2019. Die Zahl von Vorfällen, die nicht zur Anzeige gebracht werden, ist erheblich.
- **Welche Problemlösungen werden genannt?** (Schlüsselbegriff Lösungen): Die Innenministerin Nancy Faeser verspricht Jüdinnen und Juden in Deutschland mehr Schutz und fordert, antisemitische Straftaten entschlossen zu verfolgen. Sie plädiert für eine deutliche Stärkung der politischen Bildung und der Extremismusprävention.

▸ **Welche Folgen (unerwünschte Nebenwirkungen) sind vorhersehbar?** (Schlüsselbegriff Folgen): Werden keine Gegenmaßnahmen ergriffen, verfestigen sich antisemitische Einstellungen in der Mitte der deutschen Gesellschaft mit all ihren Auswirkungen für die Demokratie in Deutschland.

Dimension: Prozess des Politischen

▸ **Wer ist daran beteiligt?** (Schlüsselbegriff Akteur*innen): In dem Zeitungstext werden außer Impfgegner*innen und Israelkritiker*innen der Präsident des Bundesamtes für Verfassungsschutz, Thomas Haldenwang, sowie die Bundesinnenministerin Nancy Faeser, zuständig u.a. für die Innere Sicherheit Deutschlands, genannt. Nancy Faeser und Thomas Haldenwang sorgen sich.

▸ **Wie verläuft die Auseinandersetzung? Wer setzt sich durch?** (Schlüsselbegriff Verlauf): Das Bundesinnenministerium und das Bundesamt für Verfassungsschutz sorgen sich um die aktuelle Entwicklung und fordern Gegenmaßnahmen.

▸ **Welche Interessen verfolgen die Akteur*innen? In wessen Interesse liegt eine bestimmte Problem- bzw. Konfliktlösung?** (Schlüsselbegriff Interesse): Corona-Gegner*innen diffamieren gesundheitspolitische Maßnahmen. Sie verbreiten dabei antisemitische Vorurteile. Das Bundesinnenministerium und das Bundesamt für Verfassungsschutz wollen dem entgegenwirken.

▸ **Welche Möglichkeiten besitzen die Akteur*innen, ihre Interessen gegen andere durchzusetzen?** (Schlüsselbegriffe Macht, Herrschaft, Einfluss): Die Bundesinnenministerin fordert die

Verfolgung antisemitischer Straftaten. Daneben setzt sie auf Bildung und Prävention. Menschen mit antisemitischen Einstellungen lehnen dies entschieden ab. Vermutlich werden sie sich den geplanten Bildungs- und Präventionsanstrengungen entziehen.

▸ **Welche Methoden wenden die Akteur*innen zur Durchsetzung ihrer Interessen an?** (Schlüsselbegriff Methode der Interessendurchsetzung): Proteste gegen Corona-Maßnahmen oder Kundgebungen zum Nahost-Konflikt finden mit Berufung auf die Versammlungsfreiheit (Grundgesetz, Artikel 8) statt. In den sozialen Medien werden antisemitische und israelfeindliche Positionen virtuell verbreitet. Dort wird auch für den Antisemitismus geworben. Staatliche Gegenmaßnahmen werden aus Sorge um die Innere Sicherheit ergriffen.

▸ **Sind die Akteur*innen zu ihrem Vorgehen berechtigt (legitimiert)? Welche Gründe führen sie zur Rechtfertigung ihres Vorgehens an?** (Schlüsselbegriff Legitimation): Impfgegner*innen sind davon überzeugt, die Wahrheit zu verbreiten. Thomas Haldenwang und Nancy Faeser stützen sich bei ihrem Vorgehen auf Artikel 1 Grundgesetz („Die Würde des Menschen ist unantastbar.").

Dimension: Form des Politischen

▸ **Welche rechtlichen Grenzen sind den Akteur*innen gesetzt?** (Schlüsselbegriff Recht) Demonstrierende überschreiten dann eine rote Linie, wenn sie volksverhetzende Propaganda (z. B. Leugnung des Holocaust) verbreiten.

▸ **Welche Institution bzw. Organisation vertreten die Akteur*innen?** (Schlüsselbegriff Institution/Organisation): Das Bundesinnenministerium ist Teil der Regierung der Bundesrepublik Deutschland. Impfgegner und gegen Corona-Maßnahmen Demonstrierende kommen aus verschiedenen Bevölkerungsschichten. Viele verbindet ihr gemeinsames Bekenntnis zum Antisemitismus.

▸ **Welche Aufgaben hat die einzelne Institution bzw. Organisation?** (Schlüsselbegriff Aufgaben): Die Aufgaben werden im Text nicht geschildert. Eine kurze Recherche im Internet gibt den Hinweis, dass das Bundesministerium eine oberste Bundesbehörde ist.

▸ **Wie ist die Institution bzw. Organisation aufgebaut?** (Schlüsselbegriff Aufbau der Institution/Organisation): Der Aufbau des Bundesinnenministeriums und des Bundesamtes für Verfassungsschutz werden im Zeitungstext nicht geschildert.

▸ **Wie hängen die Institutionen (Organisationen) voneinander ab? Wie arbeiten sie zusammen? Wer übt die Kontrolle aus?** (Schlüsselbegriffe Zusammenarbeit, Kontrolle): Auch diese Frage wird im Zeitungstext nicht beantwortet. Einer Recherche im Internet zufolge ist das Bundesamt für Verfassungsschutz ein nachgeordneter Geschäftsbereich des Bundesinnenministeriums.

▸ **Welche Rechte und Beteiligungsmöglichkeiten besitzen die Bürger*innen? Welchen Schutz genießen sie?** (Schlüsselbegriff Rechte und Schutz der Bürger*innen): Bürger*innen haben aufgrund der Versammlungsfreiheit (Grundgesetz, Artikel 8) das Recht, friedlich zu demonstrieren.

▸ **Wie verläuft die Auseinandersetzung? Wer setzt sich durch?** (Schlüsselbegriff Verlauf): Wenn man eine politische Aufgabe, ein politisches Problem und die Auseinandersetzung darüber mit Hilfe der Begriffe und Fragen der drei Dimensionen des Politischen untersucht hat, ist man fähig, den Fortgang des politischen Prozesses weiter zu verfolgen. Hier können einem die Begriffe und Fragen des Politikzyklus weiterhelfen.

Politikbegriff 2: Der Politikzyklus

Ähnlich wie die drei Dimensionen des Politischen kann Ihnen auch der Politikzyklus den Zugang zur Politik „aufschließen“. Im Politikzyklus wird Politik als eine Kette niemals zu Ende kommender Bemühungen zur Bewältigung von bestehenden und ständig neu entstehenden Problemen verstanden. Diese Kette kann in

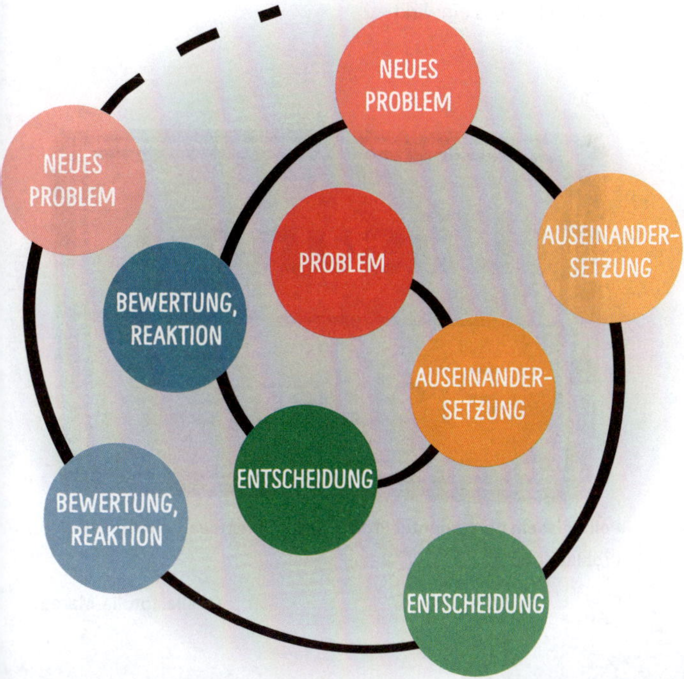

Zyklen unterteilt werden. Am Anfang eines jeden Zyklus steht ein Problem. Die nächste Phase bildet die Auseinandersetzung um die Lösung dieses Problems. Die Auseinandersetzung führt zu einer Entscheidung. Diese Entscheidung löst Bewertungen und Reaktionen aus. Aus der Entscheidung und den Reaktionen darauf ergeben sich wiederum Aufgaben und Probleme. Ein neuer Politikzyklus beginnt.

Dieser Prozess findet in einem Handlungsrahmen statt, der auf den Prozess einwirkt.

Politik ist ein permanenter Prozess der Problembearbeitung und Problemlösung.

Quelle: fotolia/Marem

Politikzyklus	Handlungsrahmen
Problem (Aufgabe, Streitfrage) ▼ Auseinandersetzung ▼ Entscheidung, Ergebnis ▼ Reaktionen, Bewertungen ▼ neues Problem (neue Aufgabe, neue Streitfrage)	**Innenpolitik** Verfassung und Rechtsordnung eines Landes, Institutionen und das Gefüge gegenseitiger Abhängigkeit der Institutionen und Organisationen **Außenpolitik** das System der internationalen Beziehungen, Völkerrecht

Politik durchschauen mit den Fragen zu den Phasen des Politikzyklus

Wie bei den Dimensionen des Politischen können auch im Politikzyklus den einzelnen Phasen Schlüsselbegriffe zugeordnet werden, mit denen sich Untersuchungsfragen bilden lassen. Schlüsselbegriffe und Fragen zu den Phasen **Problem** und **Auseinandersetzung** sowie zum **Handlungsrahmen** sind Ihnen schon von den drei Dimensionen des Politischen her bekannt.

Fragen zur Untersuchung eines Politikzyklus

Phasen	Schlüsselbegriffe	Untersuchungsfragen
Problem	Inhalt und Ausmaß	Worum geht es? Welches Problem soll gelöst werden? Welches Ausmaß hat das Problem?
▾	Ursachen	Was sind die Ursachen des Problems?
	Lösungen	Welche Problemlösungen werden genannt?
Auseinander-setzung	Akteur*innen	Wer ist an der Auseinandersetzung beteiligt?
▾	Interessen	Welche Interessen verfolgen die Akteur*innen?
Entscheidung	Ergebnis, Inhalt	Wie sieht die Entscheidung aus? Zu welchem Ergebnis hat die Auseinandersetzung geführt? Welche Lösung wurde gefunden?
▾	Erfolg	Wer setzt sich durch? In wessen Interesse liegt die Entscheidung/Problemlösung?
Reaktionen, Bewertungen	offen gebliebene Fragen	Welche Fragen sind offen geblieben? Was ist gelöst worden?
▾	Akteur*innen	Wie reagieren beteiligte bzw. betroffene Akteur*innen auf die Entscheidung? Wie bewerten sie das Ergebnis?
Neue Probleme	Inhalt	Welches neue Problem entsteht aus der Entscheidung und deren Bewertung?

Hinweis: Um die Fragen übersichtlich und handhabbar zu gestalten, werden hier nur verhältnismäßig wenige Schlüsselbegriffe genannt. Zu den Phasen **Problem** und **Auseinandersetzung** können aus dem Dimensionen-Modell zusätzlich Begriffe übernommen werden. Zu den übrigen Phasen lassen sich weitere Schlüsselbegriffe und Schlüsselfragen entwickeln.

Bei einem Politikzyklus dürfen die Fragen nach dem Handlungsrahmen keinesfalls vernachlässigt werden.

Politikzyklus	**Handlungsrahmen**	**Schlüsselfragen**
Problem ▾ Auseinandersetzung ▾ Entscheidung ▾ Reaktionen, Bewertungen ▾ Neue Probleme	Verfassung und Rechtsordnung eines Landes, der EU, System der internationalen Beziehungen	Wie wirkt der Handlungsrahmen auf die einzelnen Phasen ein? Welche Bestimmungen (der Verfassung, der Rechtsordnung oder des Völkerrechts) und/oder welche Teile des politischen Systems bzw. des Systems der internationalen Beziehungen beeinflussen die einzelnen Phasen?

Anwendung des Politikzyklus an einem Beispiel

Die einzelnen Phasen des Politikzyklus zeigen sich besonders deutlich bei Bundestags- oder Landtagswahlen und der anschließenden Regierungsbildung.

Phase Aufgabe, Problem

▸ **Worum geht es?**

Ein neuer Landtag, ein neuer Bundestag muss gewählt werden.

▸ **Welche Aufgabe, welches Problem soll gelöst werden?**

Kandidat*innen der Parteien stellen sich als mögliche zukünftige Abgeordnete für das Landesparlament oder für den Bundestag zur Wahl.

▸ **Welches Ausmaß hat das Problem, die Aufgabe?**

In einer Demokratie sind Wahlen von großer Bedeutung. Die zukünftige Politik eines Landes wird maßgeblich vom Ausgang einer Wahl bestimmt.

▸ **Was sind die Ursachen des Problems, der Aufgabe?**

Das Grundgesetz der Bundesrepublik Deutschland nennt in Artikel 20 den maßgeblichen Verfassungsgrundsatz (Verfassungskern): „Alle Staatsgewalt vom Volke aus."

Phase Auseinandersetzung

▸ **Wer ist an der Auseinandersetzung beteiligt?**

Im Wahlkampf kämpfen die Vertreter*innen der einzelnen Parteien mit unterschiedlichen Mitteln und Methoden um die Gunst der Wähler*innen. Viele Parteimitglieder setzen sich aktiv dafür ein, dass ihre Partei in der Öffentlichkeit wahrgenommen und bekannt wird. Zugleich versuchen sie, sich von anderen Parteien abzugrenzen. Die Wähler*innen sind aufgefordert, lange und sorgfältig über ihre Stimmabgabe am Wahltag nachzudenken.

▸ Welche Interessen verfolgen die Akteur*innen?
Die Parteien wollen mit ihren Kandidat*innen ins Parlament gelangen. Dazu müssen sie mindestens fünf Prozent der im gesamten Wahlgebiet abgegebenen Stimmen erringen (Fünfprozentklausel).

Alle Parteien wollen möglichst so viele Stimmen gewinnen, dass sie nach der Wahl an der Regierungsbildung beteiligt sind. Die Wähler*innen prüfen während des Wahlkampfes, welche Partei ihren Interessen entspricht.

Phase Entscheidung

▸ Wer trifft die Entscheidung?
Der Wahlsonntag gehört den Wähler*innen. Sie allein treffen die Entscheidung. An diesem Tag sind sie der einzige Akteur. Für Politiker*innen ist „es immer ein sehr merkwürdiger Tag, eine unheimliche Stille. Jeder denkt, hoffentlich ist es bald 18 Uhr" (Heiner Geißler/CDU).

Ein neuer Zyklus beginnt

Phase Neues Problem, neue Aufgabe

▸ Welches neue Problem, welche neue Aufgabe entsteht aus der Entscheidung und deren Bewertung?
Um 18 Uhr schließen die Wahllokale. Die Wahl ist zu Ende und das Fernsehen gibt erste Prognosen bekannt. Alle Fragen, Streit-

punkte, Meinungsumfragen und Präsentationen im Fernsehen und auf Wahlveranstaltungen sind mit einem Schlag uninteressant geworden. Nun beginnt eine neue Aufgabe. Von jetzt an geht es nur noch darum, wer die nächste Regierung bildet. Hat eine Partei die Mehrheit errungen und kann sie allein die Regierung bilden, dann ist die Lösung einfach. Müssen sich zwei oder gar drei Parteien zu einer Koalition zusammentun, setzt eine spannende Auseinandersetzung ein.

Neue Auseinandersetzung
Vertreter*innen der Koalitionsparteien müssen sich über ein Sachprogramm und die Verteilung der Ämter einig werden.

Neues Ergebnis
Am Ende dieses Prozesses steht der Koalitionsvertrag (oder der Versuch, eine Regierung zu bilden, beginnt aufs Neue).

Neue Aufgaben, neues Problem
Ist der Koalitionsvertrag zustande gekommen, müssen ihm die Regierungsfraktionen und Regierungsparteien zustimmen.

Neue Auseinandersetzung
Erfahrungsgemäß bricht in den Koalitionsparteien eine heftige Diskussion aus, ob dem Koalitionsvertrag zugestimmt werden kann oder nicht.

Neue Aufgabe, neues Problem

Schließlich muss der oder die Chef*in der neuen Regierung (Bundeskanzler*in, Ministerpräsident*in) im Parlament gewählt werden.

Die Bundestagswahl 2021 und der anschließende Prozess der Regierungsbildung veranschaulichen die Auffassung von Politik als einer Kette von Bemühungen zur Bewältigung von bestehenden und ständig neu entstehenden Problemen. Klarer Wahlsieger war die SPD (25,7 %), gefolgt von der Union (24,1 %), Bündnis 90/Die Grünen (14,8 %) sowie der FDP (11,5 %). AfD (10,3 %) und Die Linke (4,9 %) kamen schon im Vorfeld der Wahl als mögliche Koalitionspartner nicht in Frage.

Rein rechnerisch ist erneut eine Große Koalition möglich, bestehend aus SPD und Union (CDU/CSU). Doch dies wird von keiner der beiden Parteien angestrebt. In einem ersten Zyklus loten Union und SPD verschiedene Dreierbündnisse (Jamaika-Koalition oder Ampel-Koalition) aus. Bereits zwei Tage nach der Bundestagswahl gibt es ein erstes Treffen der Grünen- und FDP-Spitzen. Eine Woche nach der Bundestagswahl steigen die SPD und die Union in Sondierungsgespräche ein. Der Kanzlerkandidat der Union, Armin Laschet, will den Kampf ums Kanzleramt noch nicht aufgeben und signalisiert drei Tage nach der Wahl Gesprächsbereitschaft in Richtung FDP und Bündnis 90/Die Grünen. Die FDP will Dreier-Sondierungsgespräche mit SPD und Grünen führen, ebenso die Grünen mit SPD und FDP. Die SPD will nach getrennten Gesprächen mit der FDP und den Grünen eine Woche nach der Bundestagswahl zügig konkrete

Der (lange) Weg zur Regierung	
26.9.2021	Bundestagswahl zum 20. Bundestag
28.9.2021	Erstes Treffen der Grünen- und FDP-Spitze
29.9.2021	Die Union signalisiert Gesprächsbereitschaft mit der FDP und den Grünen
4.–6.10.2021	SPD und Union (CDU/CSU) steigen in Sondierungsgespräche ein
15.10.2021	Parteispitzen von SPD, Grünen und FDP sprechen sich für Koalitionsverhandlungen aus
26.10.2021	Der neue Bundestag tritt erstmals zusammen, Wahl des Bundestagspräsidiums
27.10.2021	22 Arbeitsgruppen mit Fachpolitiker*innen beginnen ihre Beratungen
10.11.2021	Die 22 Arbeitsgruppen legen jeweils ein maximal fünfseitiges Papier vor
ab 10.11.2021	Die drei Generalsekretäre führen die 22 Papiere in einem Gesamtpapier zusammen
24.11.2021	SDP, Grüne und FDP stellen den Koalitionsvertrag „Mehr Fortschritt wagen" vor
26.11.–6.12.2021	Die Grünen lassen ihre Mitglieder über den Koalitionsvertrag digital abstimmen
4.12.2021	Die SPD stimmt auf einem digitalen Sonderparteitag über den Koalitionsvertrag ab
5.12.2021	Auch die FDP stimmt auf einem Parteitag digital über den Koalitionsvertrag ab
7.12.2021	Unterzeichnung des 177-seitigen Koalitionsvertrages
8.12.2021	Olaf Scholz wird der neunte Bundeskanzler der Bundesrepublik Deutschland

Sondierungen mit beiden Parteien zur Bildung einer Ampel-Koalition aufnehmen.

Damit beginnt wieder ein neuer Zyklus. SPD, Bündnis 90/Die Grünen und FDP müssen in den Koalitionsverhandlungen zu einer Übereinkunft gelangen. Knapp 300 Politiker*innen der drei Parteien beraten zunächst in 22 Arbeitsgruppen inhaltliche Schwerpunkte des Koalitionsvertrags. Die drei Generalsekretäre – Lars Klingbeil (SPD), Michael Kellner (Bündnis 90/Die Grünen) und Volker Wissing (FDP) – führen die Papiere zusammen. Der Koalitionsvertrag wird am 24. November 2021 vorgestellt. In der Folge hält die SPD am 4. Dezember 2021 einen außerordentlichen Bundesparteitag ab, um über den Koalitionsvertrag abzustimmen. Anders als 2013 und 2018 befragt die SPD nicht ihre Mitglieder, sondern lässt ca. 600 Parteitagsdelegierte digital entscheiden. 98,8 Prozent stimmen dem Koalitionsvertrag zu. Einen Tag später hält die FDP ebenfalls einen digitalen Parteitag ab. 92,2 Prozent stimmen dem Vertrag zu. Vom 26. November bis zum 6. Dezember 2021 lassen die Grünen ihre Mitglieder über den Koalitionsvertrag per Brief oder digital über den Koalitionsvertrag abstimmen. In der Urabstimmung sprechen sich 86 Prozent für das gemeinsame Regierungsprogramm aus.

Am 8. Dezember 2021 wird Olaf Scholz (SPD) im Deutschen Bundestag zum Bundeskanzler der Bundesrepublik Deutschland gewählt. Am Tag der Kanzlerwahl wird das Kabinett von Bundespräsident Frank-Walter Steinmeier ernannt und im Bundestag von der Bundestagspräsidentin vereidigt.

Nach einer Faustregel des Journalismus wird einem neuen politischen Amtsinhaber bzw. einer neuen Regierung eine 100-Tage-Frist zugestanden, um sich einzuarbeiten und nach dieser Schonfrist erste Erfolge vorzuweisen. Erst danach kommt es zu einer Bewertung der Leistungen. Diese Frist wird am 24. Februar 2022 durch die russische Invasion in die Ukraine jäh unterbrochen. In einer Regierungserklärung spricht Bundeskanzler Olaf Scholz am 27. Februar 2022 von einer „Zeitenwende“, nach der die Welt eine andere sei als zuvor. In seiner „Zeitenwende“-Rede kündigt Olaf Scholz an, mit einem Sondervermögen von 100 Milliarden Euro die Finanzierung der Bundeswehr auf neue Beine zu stellen.

Bei einer Regierungsbildung interessiert jeder neue Zyklus die Öffentlichkeit. Bei anderen Prozessen zur Bewältigung von Problemen ist das nicht immer der Fall. Hier erfordert es ein gutes Gedächtnis und die große Aufmerksamkeit kritischer Zeitungsleser*innen, die Entwicklung von einem Politikzyklus zum nächsten zu verfolgen.

Beispiel

Anwendung der Schlüsselfragen aus dem Politikzyklus zur Untersuchung von Zeitungstexten

Der Ton ist rauer geworden im Landtag von Baden-Württemberg. Das Landesparlament scheint für die Alternative für Deutschland (AfD) eine Art Bühne zu sein, um die etablierten Parteien zu provozieren. Mit gezielten Provokationen grenzt sich die AfD ab und wird im Gegenzug von den anderen Fraktionen in parlamentarischen Debatten zur Rede gestellt. Dieses Klima schlägt sich auch in der politischen Berichterstattung in den Medien nieder.

Rassismusvorwürfe gegen AfD-Politiker Sänze

Stuttgart/Rottweil – Landtagspräsidentin Muhterem Aras reiste jüngst zu Gedenkorten der Judenverfolgung. Der AfD-Politiker Emil Sänze wirft der türkischstämmigen Grünen deswegen Selbstdarstellung vor. Das löst Empörung aus, aber Sänze legt noch nach.

AfD-Fraktionsvize Emil Sänze hat Landtagspräsidentin Muhterem Aras (Grüne) nach dem Besuch eines ehemaligen Konzentrationslagers „peinliche Selbstinszenierung“ vorgeworfen und ist deswegen selbst in die Kritik geraten. „Der Vorwurf, als Migrantin aus der Bewältigung der NS-Gräueltaten persönlich Kapital schlagen zu wollen, ist abscheulich und verschlägt mir die Sprache“, sagte Landtagsfraktionsgeschäftsführer Uli Sckerl von den Grünen am Samstag in Stuttgart.

Zum Thema „rauer Tonfall“ hatte der Schwarzwälder Bote bereits vor kurzem mit Emil Sänze gesprochen. Er sagte damals unter anderem: „Man sieht ja, dass sich die anderen treiben lassen.“

Zuvor hatte der „Mannheimer Morgen“ berichtet. „In Rassisten-Manier beleidigt der Abgeordnete Sänze nicht nur die Herkunft der Landtagspräsidentin, er zieht auch ihre Familie öffentlich in den Dreck“, sagte Sckerl dem Blatt. Sänze habe „eine der letzten Grenzen des demokratischen Anstands überschritten“ und in einem demokratischen Parlament nichts verloren. Der AfD-Parlamentarier hatte in einer schriftlichen Erklärung der türkischstämmigen Aras wegen ihrer Herkunft das Recht abgesprochen, sich zur Judenverfolgung in der Nazizeit zu äußern.

„Es fällt schon auf und wirkt peinlich, mit welcher geschmacklosen Verve unsere Landtagspräsidentin den deutschen NS-Schuldkomplex wieder für ihre politische Migrantengesellschaft-Agenda instrumentalisiert“, schrieb Sänze. Landtagspräsidentin Aras hatte auf einer „Gedenkstättenreise“ am 23. und 24. Juli Orte besucht, die an die Verfolgung von Juden im Nationalsozialismus erinnern, darunter auch das ehemalige Konzentrationslager Natzweiler-Struthof im französischen Elsass. Sie wies die Vorwürfe zurück. Sänze vertrete eine verfassungswidrige Auffassung, sagte sie dem „Mannheimer Morgen“.

„Die Aussage, ich sei aufgrund meines Geburtsortes nicht berechtigt, mich auch öffentlich um Geschichte und Erinnerungsarbeit zu kümmern, widerspricht Wortlaut und Geist des Grundgesetzes.“ Sänze legte indes am Wochenende in seiner Kritik an der Politikerin noch nach. „Wir haben eine Frau Landtagspräsidentin mit bizarrem Auserwählheitssyndrom, die nicht nur einen überbordenden Personenkult um ihre Person und ihre Herkunft treibt, sondern (...) in Schulen und Gedenkstätten jede Möglichkeit nutzt, wehrlose Schüler gegen unsere Partei, gegen demokratisch verfasste und demokratisch gewählte Andersdenkende zu indoktrinieren“, schrieb Sänze in einem Beitrag auf der Internetseite des AfD-Kreisverbandes Rottweil-Tuttlingen. Auch der Grünen-Politiker Cem Özdemir kritisierte Sänze für seine Äußerungen. „Die rassistischen Angriffe auf Muhterem Aras zeigen, wie wenig die blau-braunen Hetzer unsere Verfassung achten“, schrieb er am Samstag bei Twitter. „Muhterem steht für ein modernes Deutschland, ihr nicht."

Die Türkische Gemeinde in Deutschland zeigte sich ebenfalls empört. Der Vorsitzende Gökay Sofuoglu twitterte: „Rassismus sitzt im Parlament." Bereits zuvor war der AfD-Landtagsabgeordnete Stefan Räpple wegen seiner Wortwahl in den eigenen Reihen in Erklärungsnot geraten. Die Fraktion distanzierte sich von dessen Aussagen über Landtagsabgeordnete anderer Parteien. Anlass war eine Pressemitteilung von Räpple. Darin beschimpfte er Politiker unter anderem als „fettgefressen", „kaputtgesoffen" und „Koksnasen". SPD-Parlamentsgeschäftsführer Reinhold Gall forderte den AfD-Fraktionschef zum Handeln auf.

„Reagiert Bernd Gögel jetzt nicht, teilt er offensichtlich das Denken seiner beiden Abgeordneten und deren Unverschämtheiten." Gall: „Er muss die Abgeordneten Räpple und Sänze aus seiner Fraktion ausschließen oder, wie er es angekündigt hat, selbst zurücktreten." Mit seiner Forderung ist Gall nicht der Einzige, wie „Mannheimer Morgen" und „Heilbronner Stimme" berichten. Demnach fordern die parlamentarischen Geschäftsführer der Fraktionen von Grünen, CDU, SPD und FDP in einer gemeinsamen Erklärung den Ausschluss von Sänze und Räpple aus der AfD-Fraktion. „Übler Rassismus und Verhöhnung von Demokratie, Verfassung und Verfassungsorganen, wie es seit dem Zweiten Weltkrieg nicht der Fall war, haben Einzug gehalten in unserem Parlament", schreiben die Politiker demnach.

Emil Sänze äußerte sich zu den Vorwürfen seiner Person unter anderem so: „Die Landtagspräsidentin (…) erweist sich jedoch als unwillig, wenn nicht gar unfähig, selbst beim Besuch einer KZ-Ge-

denkstätte von übergriffigen Seitenhieben (‚Vogelschiss') gegen AfD-Personal abzusehen. Aktion und Reaktion dürfen nicht verwechselt werden: Wer ständig und gezielt, aus dem Schutz des Amtes heraus, Demokraten provoziert und öffentlich erniedrigen will, bekommt die gebührende Antwort."
Frau Aras instrumentalisiere diese Anlässe gezielt, um demokratische politische Andersdenkende anzugreifen und deren Ruf zu schädigen.

(Schwarzwälder Bote vom 30.7.2018)

Holocaust-Mahnmal in Berlin

Quelle: pixabay

Die Auseinandersetzung, über die der Schwarzwälder Bote berichtet, ist ebenso interessant wie in ihrem Ablauf verwirrend. Hier kann der Politikzyklus helfen.

- **Problem:** Der AfD-Landtagsabgeordnete Stefan Räpple beschimpft in einer Pressemitteilung Landtagsabgeordnete anderer Parteien als „fettgefressen", „kaputtgesoffen" und „Koksnasen".
- **Auseinandersetzung:** Die AfD-Landtagsfraktion setzt sich mit diesen Aussagen auseinander.
- **Entscheidung:** Die AfD-Landtagsfraktion distanzierte sich von diesen Aussagen.
- **Reaktion:** Reaktionen werden in dem Zeitungstext nicht genannt.
- **Neues Problem:** Aus Anlass des Besuchs eines ehemaligen Konzentrationslagers hebt die Landtagspräsidentin Muhterem Aras (Bündnis 90/Die Grünen) die Bedeutung von Vergangenheitsbewältigung im Kampf gegen Antisemitismus hervor. Der AfD-Fraktionsvize Emil Sänze wirft der Landtagspräsidentin Muhterem Aras (Bündnis 90/Die Grünen) nach deren Besuch eines ehemaligen Konzentrationslagers „peinliche Selbstinszenierung" vor.
- **Auseinandersetzung:** Frau Aras greift den Rassismus von Herrn Sänze an: „Die Aussage, ich sei aufgrund meines Geburtsortes nicht berechtigt, mich auch öffentlich um Geschichte und Erinnerungsarbeit zu kümmern, widerspricht Wortlaut und Geist des Grundgesetzes." Herr Sänze greift Frau Aras an. Sie nutze „in

Schulen und Gedenkstätten jede Möglichkeit, wehrlose Schüler gegen unsere Partei, gegen demokratisch verfasste und demokratisch gewählte Andersdenkende zu indoktrinieren". Cem Özdemir (Bündnis 90/Die Grünen) kritisiert Sänze für diese Äußerungen. Die Türkische Gemeinde in Deutschland ist empört.

▸ **Entscheidung:** Es kommt in der AfD-Fraktion trotz der Rücktrittsankündigung des AfD- Fraktionsvorsitzenden und im Landtag zu keiner Entscheidung.

▸ **Reaktionen:** Der SPD-Parlamentsgeschäftsführer Reinhold Gall fordert AfD-Fraktionschef Bernd Gögel zum Handeln auf. „Er muss die Abgeordneten Räpple und Sänze aus seiner Fraktion ausschließen oder, wie er es angekündigt hat, selbst zurücktreten." Die parlamentarischen Geschäftsführer der Fraktionen von Bündnis 90/Die Grünen, CDU, SPD und FDP fordern in einer gemeinsamen Erklärung ebenfalls den Ausschluss von Sänze und Räpple aus der AfD-Fraktion.

Weitere Phasen können aus dem Zeitungsartikel nicht erschlossen werden.

Zur Information

Muhterem Aras wurde in der Türkei geboren und kam 1978 als 12-Jährige nach Filderstadt. Sie besitzt ausschließlich die deutsche Staatsangehörigkeit. 2016 wurde sie mit dem besten Wahlergebnis ihrer Partei in den Landtag von Baden-Württemberg gewählt. Bei der Landtagswahl 2021 erzielte sie das beste Ergebnis aller Landtagskandidat*innen. Am 11.5.2021 wurde sie in ihrem Amt bestätigt.

Der AfD-Abgeordnete Emil Sänze wurde 2016 in den Landtag gewählt. Von 2016 bis 2021 war er innerhalb des Landtages und auch innerhalb seiner eigenen Fraktion umstritten. 2021 wurde er wiedergewählt. Der AfD-Abgeordnete Stefan Räpple wurde 2016 in den Landtag gewählt. Ende März 2020 schloss das Schiedsgericht der AfD Räpple wegen parteischädigenden Verhaltens aus der Partei aus. Der AfD-Abgeordnete Bernd Gögel wurde 2016 in den Landtag gewählt und 2021 als Spitzenkandidat seiner Partei wiedergewählt. Gögel ist seit Dezember 2017 als Nachfolger von Jörg Meuthen AfD-Fraktionsvorsitzender. Gögel hat sein Amt Ende 2022 nach einem Strafbefehl wegen Schwarzarbeitsvorwürfen niedergelegt.

2021 musste die AfD Stimmenverluste hinnehmen. Sie zog aber mit 9,7 Prozent erneut in den Landtag von Baden-Württemberg ein. Das Ergebnis der baden-württembergischen Landtagswahl 2021 und das Geschehen im Landtag vor und nach dieser Wahl zeigen, dass die Kette von Versuchen zur Lösung der in dem Zeitungsartikel sicht- und spürbar gewordenen Probleme noch nicht an ihrem Ende angekommen ist.

Im Politikzyklus erscheint Politik als eine Kette von Versuchen zur Bewältigung von gesellschaftlichen Gegenwarts- und Zukunftsproblemen. Bei jeder politischen Auseinandersetzung bekommt man erst mit der Verfolgung der nächsten Phasen und Zyklen dieses Prozesses eine Vorstellung von dem Ausmaß und von den Schwierigkeiten mehrerer Akteur*innen mit unterschiedlichen Interessen, zu einem Konsens zu finden und eine Entscheidung herbeizuführen, bei der aber von vorneherein feststeht, dass sie unter Umständen nur eine kurze Zeit Bestand haben wird. Der Politikzyklus zeigt Politik als „ein starkes langsames Bohren von harten Brettern mit Leidenschaft und Augenmaß zugleich" (Max Weber).

Das Wichtigste im Überblick

Einstiegsfragen

Diese Fragen kann man an jeden politischen Vorgang stellen:

- **Worum geht es?**
- **Wer ist daran beteiligt?**
- **Welche Interessen verfolgen die Akteur*innen?**

Fragen zur Untersuchung eines politischen Problems (Inhalt)

Schlüsselbegriffe	Schlüsselfragen
Inhalt und Ausmaß	Worum geht es? Welches Problem soll gelöst werden? Welches Ausmaß hat das Problem?
Ursache	Was sind die Ursachen des Problems?
Folgen	Welche Folgen zieht das Problem nach sich?
Lösungen	Welche Problemlösungen werden genannt?
Folgen	Welche Folgen sind bei einer Problemlösung vorhersehbar? Welche unerwünschten Nebenwirkungen können eintreten?

Fragen zur Untersuchung einer politischen Auseinandersetzung (Prozess)

Schlüsselbegriffe	Schlüsselfragen
Akteur*innen	Wer ist an der Auseinandersetzung beteiligt?
Verlauf	Wie verläuft die Auseinandersetzung? Wer setzt sich durch?
Interesse	Welche Interessen verfolgen die Akteur*innen? In wessen Interesse liegt eine bestimmte Problem- bzw. Konfliktlösung?

Macht, Herrschaft, Einfluss	Welche Möglichkeiten besitzen die Akteur*innen, ihre Interessen gegenüber anderen durchzusetzen?
Methoden der Interessendurchsetzung	Welche Methoden wenden die Akteur*innen zur Durchsetzung ihrer Interessen an?
Legitimation	Sind die Akteur*innen zu ihrem Vorgehen berechtigt (legitimiert)? Welche Gründe führen sie zur Rechtfertigung ihres Vorgehens an?

Fragen zur Untersuchung des politischen Handlungsrahmens (Form)

Schlüsselbegriffe	Schlüsselfragen
Recht	Welche rechtlichen Grenzen sind den Akteur*innen gesetzt?
Institution/ Organisation	Welche Institution bzw. Organisation vertreten die Akteur*innen?
Aufgaben, Funktion	Welche Aufgaben hat die einzelne Institution (Organisation)?
Aufbau	Wie ist die Institution (Organisation) aufgebaut?
Abhängigkeit/ Verflechtung	Wie hängen die Institutionen (Organisationen) voneinander ab? Wie arbeiten sie zusammen?
Kontrolle	Wer übt Kontrolle aus?
Rechte und Schutz der Bürger*innen	Welche Rechte und Beteiligungsmöglichkeiten besitzen die Bürger*innen? Welchen Schutz genießen sie?

Inhalt und Ausmaß
Worum geht es? Welches Problem soll gelöst werden? Welches Ausmaß hat das Problem?

Ursachen
Was sind die Ursachen des Problems?

Lösungen
Welche Problemlösungen werden genannt?

Akteur*innen
Wer ist an der Auseinandersetzung beteiligt?

Interessen
Welche Interessen verfolgen die Akteur*innen?

Inhalt
Welches neue Problem entsteht aus der Entscheidung und deren Bewertung?

Ergebnis, Inhalt
Wie sieht die Entscheidung aus? Zu welchem Ergebnis hat die Auseinandersetzung geführt? Welche Lösung wurde gefunden?

Erfolg
Wer setzt sich durch? In wessen Interesse liegt die Entscheidung/Problemlösung?

offen gebliebene Fragen
Welche Fragen sind offen geblieben? Was ist gelöst worden?

Akteur*innen
Wie reagieren beteiligte bzw. betroffene Akteur*innen auf die Entscheidung? Wie bewerten sie das Ergebnis?

Bei einem Politikzyklus dürfen die Fragen nach dem Handlungsrahmen keinesfalls vernachlässigt werden.

Politikzyklus	Handlungsrahmen	Schlüsselfragen
Problem ▼ Auseinander-setzung ▼ Entscheidung ▼ Reaktion, Bewertung ▼ Neue Probleme	Verfassung und Rechtsordnung eines Landes, der EU, System der internationalen Beziehungen	Wir wirkt der Handlungsrahmen auf die einzelnen Phasen ein? Welche Bestimmungen (der Verfassung, der Rechtsordnung oder des Völkerrechts) und/oder welche Teile des politischen Systems bzw. des Systems der internationalen Beziehungen beeinflussen die einzelnen Phasen?

Urteilskriterien und Urteilsfragen

Spontanes Urteil: Wie beurteile ich eine politische Entscheidung bzw. einen dafür verantwortlichen Politiker/eine Politikerin spontan „aus dem Bauch" heraus?

Eigenes Interesse: Entspricht die politische Entscheidung meinem persönlichen Interesse? Handeln die Politiker*innen im Sinne meiner Interessen?

Überprüfung des eigenen Urteils: Ist mein Urteil mit den Menschen- und Bürgerrechten des Grundgesetzes bzw. mit dem Völkerrecht vereinbar?

Effizienz (zweckrationale Überlegungen): Ist die Entscheidung geeignet, das angestrebte Ziel zu erreichen? Rechtfertigt das Ziel die angewandten Mittel? Stehen die Kosten in einem vertretbaren Verhältnis zum angestrebten Nutzen?

Legitimität (wertrationale Überlegungen): Entspricht die politische Entscheidung den demokratischen Grundwerten?

Verantwortbarkeit der vorhersehbaren Folgen: Sind die vorhersehbaren Folgen einer Entscheidung verantwortbar? Werden bei der Entscheidung die Wertebindung und die vorhersehbaren Folgen bedacht?

Politische Beteiligungsmöglichkeiten in einer Demokratie

Sich demokratisch verhalten ...

selbstständig denken und handeln	nicht Vordenkern folgen, sondern sich seines „eigenen Verstandes bedienen“ (Kant); sich eine eigene Meinung bilden; in Diskussionen die eigene Position vertreten, aber auch davon abweichende Meinungen anhören und ernst nehmen; für eigene Interessen eintreten und Konflikte austragen, aber auch Mehrheitsbeschlüsse anerkennen; in der persönlichen Umgebung (Schule, Freizeit) Verantwortung übernehmen (z. B. in der SMV)
sich sozial verhalten	den anderen wahrnehmen; mit dem anderen gewaltfrei umgehen; den anderen als prinzipiell gleichwertig ansehen; sich dem anderen gegenüber anständig (fair und hilfsbereit) verhalten; sich für den anderen aus Mitgefühl oder Gerechtigkeitsempfinden heraus einsetzen (Empathie)
sich ökologisch verantwortungsvoll verhalten	sich für Umweltfragen interessieren; Umweltprobleme ernst nehmen; „in Verantwortung für die künftigen Generationen die natürlichen Lebensgrundlagen und die Tiere“ (Art 20 a GG) schützen

Seine Bürgerrechte wahrnehmen …

mit Behörden umgehen	auf Schreiben einer Behörde „aufrecht" reagieren; sich für sein Anliegen bei der Verwaltung Gehör verschaffen, eine Gegendarstellung vorbringen; ggf. eine Dienstaufsichtsbeschwerde abfassen
für sein Recht eintreten	die Möglichkeiten des Rechtsstaates kennen und nutzen; wenn es geboten erscheint, den Rechtsweg beschreiten; das Petitionsrecht bei den Länderparlamenten, dem Bundestag und dem Europäischen Parlament nutzen

Politisch selbstständig denken …

sich informieren	auch den politischen Teil der Zeitung lesen; Nachrichten hören; sich im Internet über Politik informieren; täglich Tagesschau ansehen; politische Rundfunk- und Fernsehsendungen verfolgen; Wahlkampfveranstaltungen besuchen; politische Bücher lesen
sich eine eigene Meinung über Politik bilden	politische Vorgänge interessiert verfolgen; Aussagen, Ankündigungen und Versprechungen mit Skepsis aufnehmen; „Vordenkern" mit Distanz begegnen; Vorgänge selbstständig analysieren und sich ein eigenes Urteil darüber bilden
eine eigene politische Handlungsorientierung entwickeln	nach der Bildung eines eigenen politischen Urteils über politische Handlungsmöglichkeiten nachdenken

Politische Beteiligungsmöglichkeiten in einer Demokratie

Politisch aktiv werden …

die eigene Meinung sagen	mit anderen über Politik reden; in Versammlungen sich mit Wortmeldungen, Beifall oder Protest beteiligen; undemokratischen (z. B. rechtsextremen) Argumenten widersprechen
an die Öffentlichkeit gehen	einen Leserbrief schreiben; sich an die Presse wenden; eine Wandzeitung/Plakat anfertigen
im Internet aktiv werden	sich im Internet aktiv an politischen Diskussionen beteiligen; politische Beiträge im Netz kommentieren oder teilen; einer (politischen) Gruppe im Netz beitreten; sich an einer Onlinepetition beteiligen; an einem Flashmob mit politischem Hintergrund teilnehmen; Texte und Fotos mit politischen Inhalten ins Netz stellen; Politiker*innen über Kurznachrichtendienste (z. B. Twitter) kontaktieren

sich organisieren	sich mit anderen zusammentun, um etwas durchzusetzen; eine Demonstration organisieren; sich an einer Bürger*inneninitiative beteiligen; Mitglied in einem Verband oder einer Partei werden
politisch aktiv werden	zur Wahl gehen; an einer Bürgeranhörung teilnehmen; Bürgerbegehren unterstützen; sich an einem Bürgerentscheid beteiligen; für politische Forderungen demonstrieren; Aufgaben in einer Bürgerinitiative, einem Verband oder einer Partei übernehmen; bei Wahlen kandidieren; als gewählte/r Vertreter*in Verantwortung übernehmen
sich unkonventionell verhalten	bürgerlichen Ungehorsam beweisen; gewaltlosen Widerstand leisten (Vorsicht! Vorhersehbare Folgen abwägen!)
keine Gewalt anwenden	Gewalt ist kein Spaß. Gewalt ist in einer Demokratie kein Mittel der politischen Auseinandersetzung. Gewaltanwendung wird als Verbrechen bestraft. Gewalt führt zum „Krieg aller gegen alle“ (Thomas Hobbes).

POLITISCHE URTEILSBILDUNG

Das Grundmodell der politischen Urteilsbildung – Urteilskriterien und Urteilsfragen

Ein leicht handhabbares Modell der Urteilsbildung setzt sich aus drei Teilen zusammen: (1) Spontanes Urteil, (2) Urteilsbildung nach eigener Interessenlage und (3) Überprüfung des eigenen Urteils mit Hilfe des Grundgesetzes.

(1) Spontanes Urteil

Jeder von uns urteilt häufig (ohne groß zu überlegen) spontan und emotional „ aus dem Bauch heraus" über Politiker*innen. Ein Satz wie „Den Scholz mag ich (mag ich nicht)" wird ohne großes Nachdenken nach persönlicher Sympathie bzw. Abneigung gebildet. Auch den Satz „Die Entscheidung halte ich für gut." spricht man ohne großes Nachdenken leicht und unbekümmert aus. Trotz der Ausblendung von Rationalität (Vernunft) stellen sich spontan gebildete Aussagen über Politiker*innen im Rückblick oftmals als weitblickend und zutreffend heraus. Man macht sich dabei allerdings nicht klar, ob Gefühle, eigene Interessen oder eigene Wertentscheidungen zu den spontan gebildeten Aussagen geführt haben. Es fördert das Vertrauen in die eigene Selbstständigkeit und Unabhängigkeit, wenn man seine spontan und gefühlsmäßig getroffenen Aussagen mit Hilfe von Urteilskriterien systematisch durchdenkt, auf diesem Wege überprüft und gegebenenfalls ändert.

(2) Eigenes Interesse als Grundlage der Urteilsbildung

Zur Urteilsfindung kann man fragen: „Bringt mir die politische Maßnahme (Problemlösung, Entscheidung) Vor- oder Nachteile? Liegt sie in meinem Interesse?“ Politische Entscheidungen und die dahinter stehenden politischen Akteur*innen (Politiker*innen, Parteien) nach den eigenen Interessen zu beurteilen, erscheint auf den ersten Blick egoistisch, ist aber gerechtfertigt. In einer Demokratie besitzen Bürger*innen das Recht und die Freiheit, von ihrer Interessenlage aus Politik zu beurteilen.

(3) Überprüfung des eigenen Urteils mit Hilfe des Grundgesetzes

Zur Überprüfung des spontan oder entsprechend der eigenen Interessenlage gebildeten Urteils kann man nach der Vereinbarkeit mit der Menschenwürde und den Menschen- und Grundrechten (Grundgesetz Artikel 1–19) fragen. Ein Kind kann vor dem Tod gerettet werden, wenn man den Täter rechtzeitig zum Sprechen bringt. Ist in dieser Ausnahmesituation die Folter erlaubt? Die Orientierung an Menschenrechten und damit am Grundgesetz verbietet ein solches Vorgehen. Wer diese Maßnahme trotzdem fordert, verstößt gegen die Verfassung.

Das erweiterte Modell der politischen Urteilsbildung – Urteilskriterien und Urteilsfragen

Zur Vertiefung der eigenen Urteilsüberlegungen werden weitere Urteilskriterien vorgestellt und zur Anwendung empfohlen: (4) Effizienz (zweckrationale Überlegungen), (5) Legitimität (wertrationale Überlegungen), (6) vorhersehbare Folgen (verantwortungsethische Überlegungen).

(4) Die Frage nach der Effizienz

Mit dem Urteilskriterium Effizienz werden folgende Fragen gestellt: (1) Erscheinen die eingesetzten Mittel bei dem angestrebten Ziel sinnvoll und vertretbar? Stimmt die Ziel-Mittel-Relation? (2) Stehen die Kosten in einem annehmbaren und vertretbaren (vernünftigen) Verhältnis zu dem angestrebten Nutzen? Stimmt das Kosten-Nutzen-Verhältnis?

Wir sind es gewohnt, die eigene Entscheidung, das eigene Urteil nach ökonomischen Maßstäben zu fällen. Ein Spaghetti-Gericht zum Preis von 40 Euro wird kaum jemand in einem Restaurant bestellen. Der Preis erscheint für die zu erwartende Leistung zu hoch. Auch bei der Beurteilung einer politischen Entscheidung lohnt es sich, das Urteilskriterium Effizienz anzuwenden. Ein Atomkraftwerk zu bauen, das ca. vier Milliarden Euro kostet, aber nie ans Netz geht, ist eine politische Fehlentscheidung. Die Kosten entsprechen nicht dem dadurch erzielten Nutzen.

Wir alle stellen bei der Urteilsbildung oft zweckrationale Überlegungen an, ohne uns dessen bewusst zu sein. Diesen Urteilsweg haben viele Bürger*innen verinnerlicht. Wer politisch Verantwortliche beurteilt, sollte deren „Politik“ stets auch aus ihrer Sicht zu verstehen versuchen. Dazu können wir stellvertretend für eine Politikerin oder einen Politiker eine Kosten-Nutzen-Analyse anstellen bzw. die Ziel-Mittel-Relation durchdenken. Im Gegensatz zu den Bürger*innen benötigen Politiker*innen Macht als „das unvermeidliche Mittel der Politik“ (Max Weber). Die Opposition kann die beste Problemlösung nicht durchsetzen. Daher müssen sich Politiker*innen fragen: Bedeutet die an sich vernünftige Problemlösung nicht zwangsläufig einen nicht hinnehmbaren Stimmenverlust bei den nächsten Wahlen? Ist die zweitbeste Problemlösung nicht ein gutes Mittel zum Gewinn von Mehrheiten in der Partei, in der Fraktion, in der Regierungskoalition oder bei Wahlen? So kann ein vorschnelles Urteil vermieden werden, das den Politiker*innen nicht gerecht wird.

(5) Die Frage nach der Legitimität

Der freie Mensch und seine Würde bilden die Wurzeln demokratischer Grundwerte und der Menschen- und Grundrechte. Die Menschenwürde ist in der Charta der Vereinten Nationen (26. Juni 1945) und in der Allgemeinen Erklärung der Menschenrechte (10. Dezember 1948) verankert. Ihre Unantastbarkeit steht am Beginn des Grundgesetzes der Bundesrepublik Deutschland und der EU-Grundrechtecharta (7. Dezember 2000). Vom demokratischen Fundamentalwert der Menschenwürde leiten sich weitere demokratische Grundwerte ab.

Der Fundamentalwert Menschenwürde umfasst die demokratischen Grundwerte: Freiheit, Gleichheit, Solidarität.

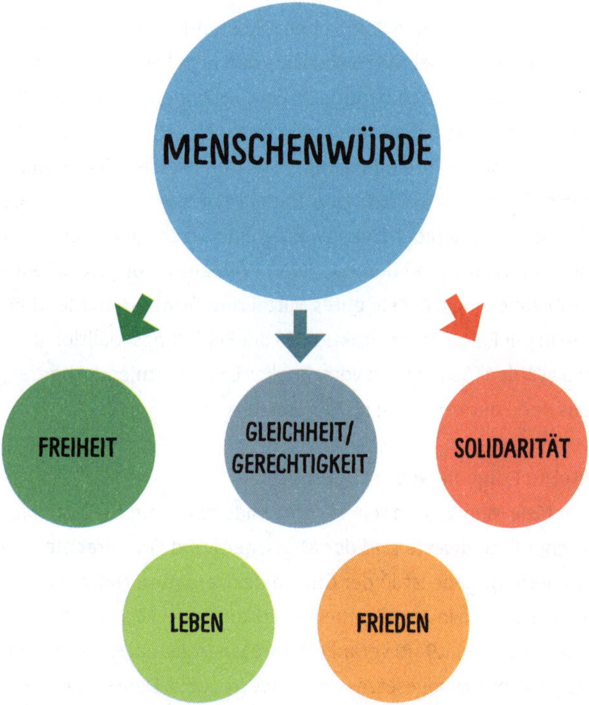

- **Freiheit als Grundanspruch menschlicher Würde:** Freiheit bildet den Grundanspruch menschlicher Würde. In Demokratien können Menschen ihr Leben frei gestalten und zur Mehrung von Eigentum, zum Nichtstun, zur Bildung, zur Ausübung ihrer Religion oder zur Vertretung ihrer Meinung und zur politischen Beteiligung nutzen. Um Freiheit zu leben, bedarf es der Mündigkeit: „Habe Mut, dich deines eigenen Verstandes zu bedienen!" (Immanuel Kant). Frei und mündig zu leben setzt Kenntnisse, Fähigkeiten und die Bereitschaft zur Anstrengung des selbstständigen Denkens und Handelns voraus.
- **Gleichheit vor dem Gesetz und bei politischer Beteiligung**: Nach dem Grundgesetz besitzen alle Menschen Würde. Alle Menschen haben Anspruch auf Freiheit. Diese Gleichheit findet ihren Ausdruck zum einen in der Gleichheit vor dem Gesetz. Gleichheit herrscht auch bei der politischen Beteiligung. Gleichheit gibt es nicht bei den Besitzverhältnissen. Hier Gleichheit durchzusetzen, würde eine unerträgliche Eingrenzung der Freiheit bedeuten.
- **Solidarität als Reaktion auf soziale Ungleichheit**: Die bei Freiheit und Gleichheit entstehende soziale Ungleichheit kann dazu führen, dass Menschen – verschuldet oder unverschuldet – in Armut und menschenunwürdigen Verhältnissen leben müssen. Um auch diesen Menschen ein Leben in Würde zu ermöglichen, ist Solidarität notwendig.
- **Leben als Grundvoraussetzung von Menschenwürde und Frieden zum Schutz des Lebens**: Ohne Leben kann es Menschenwürde und die Grundwerte Freiheit, Gleichheit/Gerechtigkeit

und Solidarität nicht geben. Das klingt zunächst banal und selbstverständlich. Gerade im 20. Jahrhundert und auch gegenwärtig in der Welt aber wurde und wird dieser Wert in unvorstellbarer Weise missachtet und mit Füßen getreten. Voraussetzung für den Schutz des Lebens und der anderen Grundwerte bildet der Frieden. Nur im Frieden können sich die demokratischen Grundwerte im Zusammenleben der Menschen entfalten.

Grundwerte bedingen einander und schränken sich gegenseitig ein. Nur zusammen begründen sie die Würde des Menschen. Dominiert ein Wert über die anderen, dann ist die Menschenwürde gefährdet. Freiheit ohne Gleichheit (vor dem Gesetz) führt zu einem Leben ohne Sicherheit in Angst. Eine Dominanz der Gleichheit kann nur durch Unterdrückung der Freiheit herbeigeführt werden. Freiheit und Gleichheit ohne Solidarität vernachlässigt die Menschenwürde der weniger Erfolgreichen.

Das Grundgesetz schreibt die Unantastbarkeit der Menschenwürde fest. **Quelle: Fotolia/Marcito**

Demokratische Grundwerte	Werte, die demokratischen Grundwerten zugeordnet werden können
Leben und Frieden	Gewaltlosigkeit, Schutz der natürlichen Lebensgrundlagen
Freiheit	Freie Entfaltung der eigenen Persönlichkeit, Öffentlichkeit einer politischen Entscheidung (Transparenz), Kontrolle
Gleichheit/ Gerechtigkeit	Möglichkeit zur politischen Beteiligung (Partizipation), Gleichheit vor dem Gesetz
Solidarität	Sozialer Ausgleich, soziale Gerechtigkeit, soziale Sicherheit (Versorgung, Fürsorge)

Die Frage nach der Verallgemeinerbarkeit

Das eigene Urteil (die eigene Meinung, Entscheidung) kann wertrational zum einen auf die Vereinbarkeit mit der Menschenwürde und den demokratischen Grundwerten hin überprüft werden. Zur Prüfung der Legitimität kann man sich aber auch fragen, ob man eine Entscheidung selbst anstelle der davon betroffenen Menschen für annehmbar hält oder nicht (Frage nach der Verallgemeinerbarkeit). Spontan die Aufnahme der Flüchtlinge abzulehnen, fällt leicht. Wer aber die Lebensbedingungen in Lagern sieht und sich selbst an die Stelle der notleidenden Menschen setzt, dem fällt ein Urteil schwer. Er muss sich fragen, ob er auch als Flüchtling die Ablehnung der Aufnahme im reichen Deutschland verstehen und befürworten würde.

(6) Beurteilung der vorhersehbaren Folgen (verantwortungsethische Überlegungen)

Zur Prüfung des eigenen Urteils kann schließlich die Frage nach den vorhersehbaren Folgen einer politischen Maßnahme, Problemlösung oder Entscheidung gestellt werden. Bei der verbreiteten Neigung, politisches Handeln allein nach dem Kosten-Nutzen-Verhältnis zweckrational oder allein nach den Zielen wertorientiert zu beurteilen, erscheint es angebracht, eigens nach den vorhersehbaren Folgen der politischen Maßnahme und deren Verantwortbarkeit zu fragen.

Die Frage nach den vorhersehbaren Folgen verknüpft die beiden Urteilskriterien **Legitimität** und **Effizienz**. Ausschließlich nach Zielen und Werten zu urteilen und dabei die Kosten/Mittel sowie die voraussehbaren Folgen außer Acht zu lassen, ist ebenso unangebracht wie die Vernachlässigung der Wertebindung.

Feststellung eines Gesamturteils

Die Ergebnisse der einzelnen Urteilsschritte fallen oft unterschiedlich aus. Um die Urteilsbildung abzuschließen, müssen die Teilergebnisse miteinander verglichen, gegeneinander abgewogen und schließlich zu einem Gesamturteil zusammengefasst werden. Bei dem so gefundenen Ergebnis kann ein Urteilsschritt dominieren. Wer zum Beispiel ein Vermögen von mehreren Millionen Euro besitzt, wird voraussichtlich die Einführung einer Vermögenssteuer ablehnen, auch wenn er bei den meisten anderen Urteilsüberlegungen zu einer Zustimmung gelangt. Die eigene Interessenlage besitzt Vorrang; sie gibt den Ausschlag, die Vermögenssteuer abzulehnen.

Das Urteilen geht dem eigenen politischen Handeln voraus. Je gründlicher bei der Urteilsbildung vorgegangen wird, desto überlegter und angemessener fällt die politische Beteiligung aus. Urteilsfähigkeit gehört zu den Merkmalen der Bürger*innenrolle in der Demokratie.

Politische Urteilsbildung an einem Beispiel

Die politische Entscheidung

Die folgende Chronologie zeigt die Vorgeschichte der Entscheidung Angela Merkels vom 5. September 2015, die in Ungarn gestrandeten Flüchtlinge nach Deutschland durchzulassen. Mit Hilfe des Politikzyklus kann man einzelne Phasen unterscheiden. 2015 wurde eine Aufgabe für Deutschland und die EU beinahe von Woche zu Woche so vordringlich, dass sie nicht mehr nicht wahrgenommen oder verdrängt werden konnte. Immer mehr Flüchtlinge versuchten, in die EU und insbesondere nach Deutschland zu gelangen. Ende August, Anfang September nahm der Druck so zu, dass eine Entscheidung unumgänglich wurde.

Die Entscheidung bewirkte unterschiedliche Reaktionen und Bewertungen. Zunächst beeindruckte die Hilfsbereitschaft, mit der eine vorher kaum für möglich gehaltene Anzahl von Bundesbürger*innen sich bei der Aufnahme von Flüchtlingen engagierte. Doch bald meldeten sich kritische Stimmen. Seitdem hat die damalige Bundesregierung viele Maßnahmen zur Eindämmung der Flüchtlingszahlen ergriffen. Eine Entscheidung über die Festlegung einer Obergrenze von 200.000 aufzunehmenden Flüchtlingen pro Jahr konnte bis Anfang 2017 nicht herbeigeführt werden.

In der Bevölkerung wurde seit dem 5. September 2015 über kein anderes Thema so kontrovers diskutiert wie über die Aufnahme von Flüchtlingen. Der Einzug der rechtspopulistischen Partei Alternative für Deutschland (AfD) in mehrere Landesparlamente 2016 und in den Bundestag 2017 ist ohne das Flüchtlingsproblem nicht erklärbar.

Zeitungstext zur Chronologie des Flüchtlingsproblems 2015:

„Wir schaffen das!“

Seit Anfang Mai entspinnt sich eine neue Geschichte für Deutschland und für die Kanzlerin, nicht als großer Plan, sondern als eine rasende Folge von Aktion und Reaktion, beständig treiben die Ereignisse vom Aktuellen ins Prinzipielle:

7. Mai 2015: Bundesinnenminister Thomas de Maizière erklärt in Berlin, 450.000 Flüchtlinge würden dieses Jahr in Deutschland erwartet.

19. August 2015: Das Innenministerium korrigiert die Zahl steil nach oben: 800.000. Zwischen Mai und August liegen: eine dramatisch zugespitzte Lage in Syrien, im Nordirak, in Afghanistan, Hunderte toter Bootsflüchtlinge, ein Griechenland, das vollauf mit sich selbst beschäftigt ist, eine Türkei im Wahlkampf. Beide Länder winken die Flüchtlinge im großen Stil durch.

Knapp eine Woche später: Auf einem Treffen des Innenministeriums, der Bundesländer und des Bundesamts für Migration und Flüchtlinge (BAMF) stellt jemand die Frage: „Was machen wir mit den Leuten, die kommen, sollen wir sie nach Ungarn zurückschicken?“ Man einigt sich darauf: Nein, das können wir nicht machen.

25. August, 4.30 Uhr: Das BAMF bestätigt über Twitter: „#Dublin-Verfahren syrischer Staatsangehöriger werden zum gegenwärtigen Zeitpunkt von uns weitestgehend faktisch nicht wei-

ter verfolgt." Der Tweet geht tausendfach um die Welt. Weder Angela Merkel noch ihr Kanzleramtsminister Peter Altmaier wissen davon.

25. August, zur Mittagszeit in Duisburg-Marxloh: Die Flüchtlinge würden als „Invasion" wahrgenommen, erklären Bürger der Kanzlerin auf einer Veranstaltung zum „guten Leben".

26. August 2015: Im sächsischen Heidenau wird Merkel von einem enthemmten Mob als „Volksverräterin" und „Hure" beschimpft.

31. August, Berlin: Merkel hält ihre Sommer-Pressekonferenz ab. Österreich und Ungarn haben Züge eingesetzt, um den Zustrom an Flüchtlingen nach Deutschland weiterzuleiten. „Wir leben in geordneten, sehr geordneten Verhältnissen", sagt die Kanzlerin, „die meisten von uns kennen das Gefühl völliger Erschöpfung, verbunden mit Angst nicht." Den Ausschreitungen werde der Staat mit aller Härte entgegentreten. Sie fügt hinzu: „Keine biografische Erfahrung rechtfertigt ein solches Verhalten." Die Journalisten stellen Fragen. Die Regierung wiederum fragt sich: Was machen wir mit den Zügen? Das Kanzleramt entscheidet, die Bedenken des Innenministeriums hinten anzustellen und die Züge nicht zurückzuweisen. Denn wie hätte das Abweisen der Flüchtlinge aus Ungarn konkret geschehen sollen?

1. September: Auf einem Budapester Bahnhof skandieren Syrer, Albaner und Iraker „Deutschland, Deutschland" und „Merkel, Merkel"; die Kanzlerin sieht es im Fernsehen, es berührt sie.

3. September 2015: Ungarn stoppt die Züge. Die Flüchtlinge machen sich zu Fuß auf den Weg. Sie laufen über Autobahnen, Bahngleise, Wiesen. Sie laufen nach Deutschland, zu Merkel.

4. September 2015: Die Bundesregierung rechnet damit, dass an diesem Wochenende der Höhepunkt des Flüchtlingsstroms erreicht wird. Dass man die Flüchtlinge nicht mehr aufhalten kann. Merkel ahnt, dass nun schlimme Bilder drohen. Bilder von überfahrenen Flüchtlingen, Bilder von Polizisten, die gegen verzweifelte Menschen vorgehen, womöglich Bilder von ungarischen Soldaten. Bilder, „mit denen Europa sich nicht hätte sehen lassen können", sagt ein Kabinettsmitglied.

5. September: Merkel telefoniert mit dem ungarischen Regierungschef Viktor Orbán und dem österreichischen Kanzler Werner Faymann. Die Lage sei nicht mehr unter Kontrolle, sagt Orbán. Merkel und Faymann beschließen, eine Ausreise der Flüchtlinge zuzulassen. Der deutsche Vizekanzler wird in die Entscheidung eingebunden, doch hat das Telefongespräch mehr „den Charakter einer Unterrichtung". Die Kanzlerin ist in Fahrt. Am späten Abend lässt Merkel den stellvertretenden Regierungssprecher Streiter erklären, Deutschland werde die Flüchtlinge nicht abweisen. „Wir haben jetzt eine akute Notlage bereinigt", sagt Streiter. Keine große Rede an die Nation, keine Inszenierung markiert diese Entscheidung, die womöglich die wichtigste ihrer Amtszeit sein könnte. Pragmatismus mit historischen Folgen. [...] Beinah stündlich kommen in der Woche danach Flüchtlinge in München an. „Wir schaffen das", sagt Merkel.

(Quelle: www.zeit.de/2015/38/angela-merkel-fluechtlinge-krisenkanzlerin/seite-4)

Anwendung der Urteilskriterien und Urteilsfragen

▸ **Spontanes Urteil: Wie beurteile ich eine politische Entscheidung bzw. einen dafür verantwortlichen Politiker/eine Politikerin spontan „aus dem Bauch" heraus?**

Ohne große Vorüberlegung befürworten Bürger*innen die Aufnahme von Flüchtlingen, andere lehnen dies ab. In den Septembertagen 2015 begrüßten viele, angespornt durch die Bundeskanzlerin, den Zuzug. Wer im Fernsehen die Notlage der Flüchtlinge sieht und insbesondere das Elend der Kinder hautnah in der Tagesschau erlebt, setzt sich spontan für sie ein. Inzwischen lehnen aber immer mehr Bürger*innen eine unbegrenzte Aufnahme ab, weil sie das Gefühl haben, dass wir das nicht schaffen.

▸ **Eigenes Interesse: Entspricht die politische Entscheidung meinem persönlichen Interesse? Handelt der Politiker/die Politikerin im Sinne meiner Interessen?**

Die Mehrheit der Bevölkerung in Deutschland und in den EU-Staaten lehnt die Aufnahme einer großen Zahl von Flüchtlingen ab, weil die Kosten und die damit verbundenen Nachteile (unruhige Nachbarschaft, Gefahren) ihren persönlichen Interessen zuwiderlaufen. Dabei wird verdrängt, dass die Flüchtlinge fern von Deutschland und der EU in Lagern hinter Zäunen ein elendes Leben führen oder auf der Flucht umkommen.

▸ **Überprüfung des eigenen Urteils: Ist mein Urteil mit den Menschen- und Bürgerrechten des Grundgesetzes bzw. mit dem Völkerrecht vereinbar?**

In der Bundesrepublik Deutschland und in der EU wird immer

wieder das demokratische Wertefundament betont. Eine Ablehnung der Flüchtlinge an den Grenzen ist mit dem Wertefundament des Grundgesetzes und der EU streng genommen nicht vereinbar, doch stehen entsprechend einem Zitat von Papst Franziskus die Menschenwürde und die Menschenrechte bei politischen Entscheidungen nicht an erster, sondern „erst an letzter Stelle".

- **Effizienz (zweckrationale Überlegungen): Ist die Entscheidung geeignet, das angestrebte Ziel zu erreichen? Rechtfertigt das Ziel die angewandten Mittel? Stehen die Kosten in einem vertretbaren Verhältnis zu deren Nutzen?**

Angela Merkel versprach 2015: „Wir schaffen das." Hinter dem Wort „das" verbergen sich zwei Aufgaben: die Aufnahme bzw. Unterbringung der Flüchtlinge und ihre Integration in die deutsche Gesellschaft. Trotz einer kaum für möglich gehaltenen Hilfsbereitschaft sahen schon im Herbst 2015 viele Bürger*innen das Verhältnis der Kosten für die Aufnahme zu dem Nutzen recht kritisch. Schon bald war abzusehen, dass die Mittel für die Integration sehr hoch sein werden.

- **Legitimität (wertrationale Überlegungen): Entspricht die politische Entscheidung den demokratischen Grundwerten? Würde ich anstelle der Flüchtlinge der Entscheidung zustimmen können?** Die Orientierung an der Menschenwürde und den demokratischen Grundwerten legt ein Eintreten für die Aufnahme der Flüchtlinge nahe. Bei der großen Zahl von Helfer*innen kann dieses Wertebewusstsein angenommen werden. Andere versetzen sich in die Notlage der Flüchtlinge und wollen ihnen aus dieser Sicht heraus ein Leben ermöglichen, das auch ihnen selbst annehmbar erscheint.

- **Verantwortbarkeit der vorhersehbaren Folgen: Sind die vorhersehbaren Folgen einer Entscheidung verantwortbar? Werden bei der Entscheidung die Wertebindung und die vorhersehbaren Folgen bedacht?**

Schon im Herbst 2015 mahnten Politiker*innen und Bürger*innen an, bei allen wertrationalen Überlegungen auch die Folgen einer unkontrolliert erfolgenden Aufnahme von Flüchtlingen zu sehen. Der damalige Bundespräsident Joachim Gauck fasste diese Haltung in dem Satz zusammen: „Unser Herz ist weit, aber unsere Möglichkeiten sind endlich." Die Politik leiste bereits sehr viel, das Machbare auch durchzusetzen.

Erprobung der Urteilsbildung an einem Zeitungstext

Die Bilder scheinen sich zu gleichen: Tausende Geflüchtete kommen im März 2022 am Berliner Hauptbahnhof an und sie werden freundlich empfangen – so wie damals im September 2015 am Hauptbahnhof in München. Auf den ersten Blick wiederholt sich die Geschichte, aber es gibt dennoch Unterschiede.

600.000 Ukrainer in Deutschland: Willkommen im Alltag!

… Fast die Hälfte der Geflüchteten hält sich nach Angaben des Bundesinnenministeriums in Großstädten auf, in Berlin, Hamburg und München. Städte, welche die Geflüchteten schon vor Kriegsbeginn kannten, wo Freunde oder Verwandte leben und die Chance auf einen Arbeitsplatz größer erscheint. Natalia, Chemikerin, und Alexander, Lehrer für Informatik, hat es nach Bonn verschlagen, weil ein Familienangehöriger im nahen Köln einen Job hatte. Sie machen gerade die gleiche Erfahrung, die auch viele Flüchtlinge aus Syrien, Afghanistan oder dem Irak 2015 in Deutschland gemacht haben: Wer einen Flüchtlingshelfer und guten Geist an seiner Seite hat, hat es wesentlich einfacher, in Deutschland anzukommen. Jemand wie Narina Karitzky zum Beispiel. Die Leiterin der Russischen Schule in Bonn hat die ukrainische Familie unter ihre Fittiche genommen, hilft bei Anträgen, Übersetzung von Urkunden und Telefonaten mit der Stadt. Karitzky wohnt auf der anderen Straßenseite, wenn es bei Natalia und Alexander brennt, ist sie zur Stelle.

Müdigkeit macht sich bei den Helfern breit

Seit Kriegsbeginn am 24. Februar sind mehr als 610.000 Menschen aus der Ukraine nach Deutschland geflohen, lautet die jüngste Zahl des Bundesamtes für Migration und Flüchtlinge. Schafft Deutschland das? Und vor allem: Schaffen die Ukrainerinnen das? Sieben von zehn Geflüchteten sind Frauen und Mädchen. Oleksandra Bienert, die ihre Mutter nach Berlin geholt hat, während ihr Vater noch in der Ukraine ist, pocht auf mehr Personal in den Beratungsstellen und sagt: „Ich merke das bei allen, bei mir in der Allianz, bei den Ehrenamtlichen, in den deutschen Familien: Es sind alle sehr, sehr müde. Dabei liegt noch ein sehr langer Weg vor uns."

(Deutsche Welle, 6.5.2022)

Der Umgang mit den Flüchtlingen im Jahr 2022 lässt sich mit dem von 2015 vergleichen. Damals war ihre Aufnahme trotz der vielfach bewiesenen großen Hilfsbereitschaft von Anfang an umstritten. 2022 dagegen fand ihre Flucht nach Deutschland allgemein große Unterstützung, und die Gründe dafür leuchten ein. Seit dem Beginn des Krieges am 24.2.2022 kamen vor allem Frauen bei ihrer Flucht aus der Ukraine mit ihren Kindern nach Deutschland. Sie lösten keine Angst aus. Im Gegenteil, die gemeinsame Angst vor dem Krieg in Europa förderte die Solidarität mit ihnen.

Im Jahr 2022 wird die Bedeutung von Migration und Fluchtbewegungen ohnehin zustimmender eingeschätzt als 2015. Ca. 25 Prozent der Erwachsenen in der Bundesrepublik und mehr als 40 Prozent bei Kindern und Jugendlichen unter 18 Jahren haben einen Migrationshintergrund. Die Überalterung in Deutschland wird dadurch gesenkt. Viele Bundesbürger*innen spüren die positiven Folgen für die Wirtschaft und damit für das Wohlergehen aller Menschen.

Die zu Anfang des Krieges bewiesene Hilfsbereitschaft nahm bald ab. Wie 2015 machte sich schon nach wenigen Wochen

Ernüchterung breit. Dennoch bleibt festzuhalten: Das Verhalten fast aller Deutscher nach dem völkerrechtswidrigen und kriegerischen Angriff auf die Ukraine 2022 verdient Anerkennung. Stellt man aber bei wertrationalen Überlegungen die Frage nach der Verallgemeinerbarkeit, dann nimmt die Eindeutigkeit dieses Urteil ab.

Die täglichen Berichte im Fernsehen über das Kriegsgeschehen in der Ukraine mit ihren Bildern von Toten, leiderfüllten Menschen und zerstörten Städten fördern bei den Zuschauer*innen die Angst, dass einem selbst in Zukunft bei einer Ausweitung des Krieges all das Leid zustoßen wird. Dank dieser Betroffenheit fühlt man die Dringlichkeit von Hilfeleistungen. Diese Emotion fördert die Parteinahme für die Ukraine und die Menschen aus der Ukraine.

Versetzt man sich aber in die Lage von Flüchtlingen ganz allgemein, dann wird man nachdenklich. Sie erfahren überall in der Welt und auch in Deutschland weit mehr Ablehnung als Unterstützung. Man sieht sich zu einem neuen Urteil aufgefordert: Ist die spontane Hilfsbereitschaft für ukrainische Flüchtlinge wirklich so positiv zu bewerten? Haben nicht alle Flüchtlinge auf der Welt Anspruch auf spontane Aufnahme und Hilfsbereitschaft? Ist der Artikel 1 Grundgesetz (Die Würde des Menschen ist unantastbar. Sie zu achten und zu schützen ist Verpflichtung aller staatlichen Gewalt.) mit einer nicht nur insgeheim gefühlten, sondern auch offen gezeigten Ablehnung von Flüchtlingen vereinbar? Entspricht diese Entscheidung demokratischen Grundwerten?

Andererseits: Sind die vorhersehbaren Folgen einer Entscheidung für die Flüchtlinge weltweit verantwortbar? Bei der Suche nach Antworten erlebt jede bzw. jeder die Schwierigkeiten einer Urteilsbildung. Zugleich erhält jede bzw. jeder eine Möglichkeit, die eigenen Urteilsschritte auf ihre Ehrlichkeit zu überprüfen. Wird die Frage nach der Vereinbarkeit der Folgen von mir nur dazu benutzt, meine innere Bereitschaft, demokratischen Grundwerten nicht zu folgen, vor mir selbst zu vertuschen.

POLITISCHE BETEILIGUNG – MÖGLICHKEITEN FÜR BÜRGER*INNEN

Einführung

Demokratie „leben" und politische Beteiligung hängen miteinander zusammen. Wer gelernt hat, Vorgänge oder die Mitmenschen in seiner Umgebung bewusst wahrzunehmen, wer Maßstäbe besitzt, mit denen er sein eigenes Verhalten und das seiner Mitbürger*innen beurteilen kann, wer sich angewöhnt hat, nicht alle Ereignisse passiv hinzunehmen, sondern Fragen zu stellen und auf Veränderungen hinzuwirken, der wird sich auch an der Politik beteiligen. Dazu ist die Fähigkeit zur Analyse von politischen Vorgängen, zur Urteilsbildung und zum politischen Handeln notwendig.

Die politischen Beteiligungsmöglichkeiten, die den Bürger*innen offen stehen, nehmen sich auf den ersten Blick gering aus. In einer repräsentativen Demokratie üben die gewählten Volksvertreter*innen für die Bürger*innen Politik aus. Die „Normalbürger*innen" können sich in der Hauptsache darauf beschränken, Politik mit Verständnis und Kritik zu begleiten, die politisch Verantwortlichen auf diese Weise zu kontrollieren und sie bei der nächsten Wahl zu bestätigen oder abzuwählen.

Wer politisch handeln will, kann seine eigene Meinung im Gespräch mit anderen vertreten, an die Öffentlichkeit gehen (Unterschriftenaktion), sich organisieren (Bürgerinitiative, Verband, Partei) und politisch aktiv werden (Mitarbeit in einer Initiative, Verband oder Partei). Man kann sich auch zum bürgerlichen Ungehorsam bereitfinden und Anordnungen aus Protest nicht befolgen oder gewaltlosen Widerstand leisten (z. B. durch Beteiligung an einer Sitzblockade). Dagegen werden Polizei und Justiz vorgehen. Jeder sollte sorgfältig prüfen, ob das Anliegen, für das man sich bei dieser Beteiligungsform entscheidet, den Preis, den man dafür zu bezahlen hat, wert ist. Gewaltanwendung stellt keine demokratische Beteiligungsmöglichkeit dar und ist in jedem Fall abzulehnen. Für Demokrat*innen ist Gewalt kein Mittel der politischen Auseinandersetzung.

„Die da oben in Berlin machen ja doch, was sie wollen! Wir da unten können ohnehin nichts tun!“ Mit diesen Aussagen rechtfertigt so mancher seine fehlende politische Beteiligung.

Die Demokratie ist aber auf Bürger*innen angewiesen, die sich demokratisch (selbstständig, sozial- und umweltverträglich) verhalten, sich über Politik Gedanken machen und sich an Politik beteiligen.

„Wir dürfen die Demokratie niemals, niemals für selbstverständlich halten. Wir müssen sie verteidigen, wir müssen für sie kämpfen, wir müssen dafür sorgen, dass sie überlebt, nicht nur für uns, sondern für unsere Kinder und Enkel und künftige Generationen.“

(Amy Gutmann, Botschafterin der USA in Berlin, in: DIE ZEIT, 24.3.2022, S. 12)

Politische Beteiligungsmöglichkeiten in einer Demokratie

Sich demokratisch verhalten ...

selbstständig denken und handeln	nicht Vordenkern folgen, sondern sich seines „eigenen Verstandes bedienen" (Kant); sich eine eigene Meinung bilden; in Diskussionen die eigene Position vertreten, aber auch davon abweichende Meinungen anhören und ernst nehmen; für eigene Interessen eintreten und Konflikte austragen, aber auch Mehrheitsbeschlüsse anerkennen; in der persönlichen Umgebung (Schule, Freizeit) Verantwortung übernehmen (z. B. in der SMV)
sich sozial verhalten	den anderen wahrnehmen; mit dem anderen gewaltfrei umgehen; den anderen als prinzipiell gleichwertig ansehen; sich dem anderen gegenüber anständig (fair und hilfsbereit) verhalten; sich für den anderen aus Mitgefühl oder Gerechtigkeitsempfinden heraus einsetzen (Empathie)
sich ökologisch verantwortungsvoll verhalten	sich für Umweltfragen interessieren; Umweltprobleme ernst nehmen; „in Verantwortung für die künftigen Generationen die natürlichen Lebensgrundlagen und die Tiere" (Art 20 a GG) schützen

Quelle: Thomas Plaßmann

Seine Bürgerrechte wahrnehmen ...

mit Behörden umgehen	auf Schreiben einer Behörde „aufrecht“ reagieren; sich für sein Anliegen bei der Verwaltung Gehör verschaffen, eine Gegendarstellung vorbringen; ggf. eine Dienstaufsichtsbeschwerde abfassen
für sein Recht eintreten	die Möglichkeiten des Rechtsstaates kennen lernen und nutzen; wenn es geboten erscheint, den Rechtsweg beschreiten; das Petitionsrecht bei den Länderparlamenten, dem Bundestag und dem Europäischen Parlament nutzen

Politisch selbstständig denken …

sich informieren	auch den politischen Teil der Zeitung lesen; Nachrichten hören; sich im Internet über Politik informieren; täglich Tagesschau ansehen; politische Rundfunk- und Fernsehsendungen verfolgen; Wahlkampfveranstaltungen besuchen; politische Bücher lesen
sich eine eigene Meinung über Politik bilden	politische Vorgänge interessiert verfolgen; Aussagen, Ankündigungen und Versprechungen mit Skepsis aufnehmen; „Vordenkern“ mit Distanz begegnen; Vorgänge selbstständig analysieren und sich ein eigenes Urteil darüber bilden
eine eigene politische Handlungsorientierung entwickeln	nach der Bildung eines eigenen politischen Urteils über politische Handlungsmöglichkeiten nachdenken

Politisch aktiv werden …

die eigene Meinung sagen	mit anderen über Politik reden; in Versammlungen sich mit Wortmeldungen, Beifall oder Protest beteiligen; undemokratischen (z. B. rechtsextremen) Argumenten widersprechen
an die Öffentlichkeit gehen	einen Leserbrief schreiben; sich an die Presse wenden; eine Wandzeitung/Plakat anfertigen

im Internet aktiv werden	sich im Internet aktiv an politischen Diskussionen beteiligen; politische Beiträge im Netz kommentieren oder teilen; einer (politischen) Gruppe im Netz beitreten; sich an einer Onlinepetition beteiligen; an einem Flashmob mit politischem Hintergrund teilnehmen; Texte und Fotos mit politischen Inhalten ins Netz stellen; Politiker*innen über Kurznachrichtendienste (z. B. Twitter) kontaktieren
sich organisieren	sich mit anderen zusammentun, um etwas durchzusetzen; eine Demonstration organisieren; sich an einer Bürgerinitiative beteiligen; Mitglied in einem Verband oder einer Partei werden
politisch aktiv werden	zur Wahl gehen; an einer Bürgeranhörung teilnehmen; Bürgerbegehren unterstützen; sich an einem Bürgerentscheid beteiligen; für politische Forderungen demonstrieren; Aufgaben in einer Bürgerinitiative, einem Verband oder einer Partei übernehmen; bei Wahlen kandidieren; als gewählte/r Vertreter*in Verantwortung übernehmen
sich unkonventionell verhalten	bürgerlichen Ungehorsam beweisen; gewaltlosen Widerstand leisten (Vorsicht! Vorhersehbare Folgen abwägen!)
keine Gewalt anwenden	Gewalt ist kein Spaß und hat in einer Demokratie keinen Platz. Gewalt ist kein Mittel der politischen Auseinandersetzung. Gewaltanwendung wird als Verbrechen bestraft. Gewalt führt zum „Krieg aller gegen alle“ (Thomas Hobbes).

„Informiert zu sein ist Bürgerpflicht – und ich glaube, Demokrat zu sein und uninformiert zu bleiben – das verträgt sich nicht."

Bundespräsident Frank-Walter Steinmeier

Die einfachste Möglichkeit der politischen Beteiligung: Der Gang zur Wahlurne.

Quelle: fotolia/alphaspirit

RECHERCHETIPPS

Die Grundlage, um sich über Politik zu informieren, bildet der Text. Die Suche nach Texten oder Zeitungstexten im Internet ist nicht immer leicht, ganz abgesehen vom zielgerichteten Durchlesen eines Textes (siehe dazu auch Seite 94). Einige Hinweise sollen den Umgang mit Zeitungstexten erleichtern. Die allermeisten Zeitungen sind längst im Internet zu finden. Die Zeitungen und auch Rundfunkanstalten (ARD, ZDF, DRadio) bieten ein ausführliches Online-Angebot mit jounalistischen Texten an. Bei den Zeitungen wird der gesamte Beitrag kostenlos angeboten oder oft ein „Weiterlesen mit Werbeanzeigen“ ermöglicht. Bei Rundfunkanstalten gibt es zu den Audio-Beiträgen auch oft Texte, die politische Themen beschreiben.

Zeitungen schätzen die Vorteile der digitalen Welt: Online-Journalismus kann aktueller sein, hat eine größere Reichweite und eine potenziell größere Leser*innenschaft. Die Kombination von Text, Audio und Video bietet eine gewisse Attraktivität. Kern des Online-Journalismus ist und bleibt aber der Zeitungstext.

Zeitungen in Deutschland (eine Auswahl)/ Textformen einer Zeitung

Zeitungstypen	Verbreitung	Charakteristika
Boulevardzeitungen		
z. B. Bild-Zeitung	Boulevardzeitungen haben eine abnehmende, aber immer noch hohe Verbreitung.	Boulevardzeitungen sind mehr auf Unterhaltung als auf Information ausgerichtet.
Regionalzeitungen		
z. B. Badische Zeitung Freiburg, Neue Osnabrücker Zeitung, Braunschweiger Zeitung, Magdeburger Volksstimme, Haller Tagblatt, Backnanger Kreiszeitung	Regionalzeitungen besitzen in ihrer Region oftmals eine Monopolstellung.	Die Texte zur Politik sind relativ kurz und gut verständlich geschrieben. Kontroverse Standpunkte werden berücksichtigt. Die Zeitungen sind um Ausgewogenheit bemüht.
Überregionale Tages- und Wochenzeitungen		
Beispiel siehe unten	Überregionale Tages- und Wochenzeitungen haben eine recht hohe und eher zunehmende Auflage.	Ausführliche und anspruchsvolle Texte. Kontroverse Standpunkte werden berücksichtigt. Die Zeitungen sind um Ausgewogenheit bemüht.

Beispiele für überregionale Tages- und Wochenzeitungen

Name der Zeitung	Politische Ausrichtung
Die Welt	konservativ-liberal, Standort Hamburg
Frankfurter Allgemeine Zeitung	liberal-konservativ, sorgfältig recherchierte und ausführliche Berichterstattung (weltweit und auf die Bundesrepublik bezogen), Standort Frankfurt a. M.
Süddeutsche Zeitung	liberal, Standort München
Frankfurter Rundschau	sozial-liberal mit Frankfurter Lokalteil, Standort Frankfurt a. M.
taz	engagiert, sozial und umweltfreundlich, nicht immer um Ausgewogenheit bemüht, Standort Berlin
DIE ZEIT (Wochenzeitung)	politischer Teil liberal, Wirtschaftsteil konservativ, Feuilleton kenntnisreich und mit großer Bandbreite, Standort Hamburg

Quelle: Eigene Darstellung, © Wochenschau Verlag

Textformen einer Zeitung

Textform	Erläuterung
Nachricht	Informationstext zu einem aktuellen Ereignis. Nachrichten haben immer einen logischen Aufbau. Das Wesentliche, der Kern der Nachricht, steht am Anfang. Gegen Ende findet sich das weniger Wichtige (z. B. genauere Erläuterungen oder Hintergrundinformationen). Dieser hierarchische Aufbau bietet entscheidende Vorteile: Leser*innen, die wenig Zeit haben, erkennen das Wesentliche auf einen Blick.
Bericht	Der Bericht ist die Langform einer Nachricht.
Reportage	Lebendiger Bericht unmittelbar vom Ort des Geschehens (z. B. von einem Parteitag, von einer Bundestagsdebatte, von einem politischen Ereignis). Sozialreportagen berichten von den Lebensbedingungen der Menschen (z. B. Bericht über eine Familie, die in Armut lebt).
Kommentar	Der Kommentar bezieht sich auf eine Nachricht. Die Autor*innen eines Kommentars geben in meinungsbildender Absicht ihre Stellungnahme zu einer aktuellen Nachricht ab.
Leitartikel	Meinungsbildender Text, häufig auf Seite 1, verfasst von den wichtigen bzw. bekannten Redakteur*innen einer Zeitung.

Zielgerichtetes Lesen

Verschiedene Lesetechniken erleichtern die genaue Erfassung eines (Zeitungs-)Textes:

1. Einen Zeitungstext sollten Sie zuerst im Zusammenhang **sorgfältig lesen**.
2. Danach sollten Sie **unbekannte Begriffe** klären. Zur Klärung unbekannter Begriffe und für die Recherche bietet sich das Internet (s. unten) an.
3. Sie machen sich klar, in **welcher Zeitung** (mit welcher Ausrichtung) der Text erschienen ist, und um **welche Textform** es sich handelt. Sie denken auch über die Autor*innen nach, wenn sie Ihnen bekannt sind.
4. Die **Überschrift** erleichtert den ersten Zugang. Sie enthält eine Zusammenfassung des Textes oder eine wichtige Aussage als Botschaft. **Unterüberschriften** deuten häufig eine Gliederung des Textes an. Überschriften im Text geben zumeist den Inhalt eines Abschnitts im Text wieder.
5. Die **Aussagen des Textes** haben Vorrang vor Ihrer Meinungsbildung. Erst wenn die Aussagen aus dem Text herausgearbeitet worden sind, sollten Sie dazu Stellung nehmen.

Recherchieren im Internet

Wer sich mit Politik beschäftigt, benötigt Zusatzinformationen. Dank des Internets kann man sich heute leicht rasch und umfassend informieren. Doch gerade im Internet können zeitaufwendige und wenig zielgerichtete Irrwege beschritten werden.

Das Internet und die sozialen Medien (Facebook, YouTube, Instagram, TikTok, Snapchat oder Twitter) sind aus dem Alltag nicht mehr wegzudenken. Für viele Menschen sind die sozialen Medien inzwischen das Tor zur Welt. Laut Statistischem Bundesamt nutzten im Jahr 2021 94 Prozent der Bevölkerung das Internet. Mehr als Dreiviertel davon greift täglich oder wöchentlich auf Texte aus dem Internet zu. Jede*r Fünfte nutzt täglich das Onlineangebot von Zeitungen bzw. Zeitschriften (Online Studie 2021; ARD und ZDF).

Mit Blick auf Texte, Berichte und Kommentare wird allerdings die Frage der Glaubwürdigkeit immer wichtiger. Viele Menschen glauben, dass die Nachrichten, die sie über die sozialen Medien empfangen, zutreffend und zuverlässig sind. Influencer*innen und auch ChatGPT (ein durch künstliche Intelligenz gesteuertes Instrument, um sich Texte und Informationen zusammenstellen zu lassen) nehmen Einfluss. Man glaubt, wem man vertraut, anstatt Fakten zu überprüfen. So kommt es, dass sich auch verrückte Theorien und Nachrichten verbreiten. Wer sich in den sozialen Medien bewegt, sieht irgendwann nur noch das, was die eigene Meinung bestätigt. TikTok und Instagram haben beispielsweise für Reels und Videos Algorithmen, die Ihnen stundenlang Videos anzeigen, die ganz genau auf Ihre Konsumwünsche abgestimmt sind. Man empfängt nur noch Nachrichten, die der eigenen Vorstellungswelt entsprechen. Hier gilt es, mit den sozialen Medien kritisch umzugehen und ggf. mehrere Seiten, Social Media und Suchmaschinen zu benutzen (siehe unten). Mehr noch: Auch die sozialen Netzwerke müssen in die Pflicht genommen werden. Löschungsanträge werden zwar mittlerweile bearbeitet, aber die Frage ist: Was sind die Kriterien dafür, dass ein Beitrag nicht gelöscht wird? Bei Fake News ist dies schwieriger als bei Hate Speech. Es gilt: Nutzer*innen müssen sich einen kritischen Umgang angewöhnen. Denn Achtung: Personen, Institutionen und Organisationen (Parteien, Verbände, NGOs, Bürgerinitiativen) nutzen auch das Internet zur Selbstdarstellung und Eigenwerbung. Sie versuchen, die Benutzer*innen zur Übernahme der eigenen Sichtweise zu gewinnen. Skepsis und Distanz sind daher angebracht.

Positiv stimmen mit Blick auf jugendliche Nutzer*innen die Ergebnisse der Shell-Jugendstudie aus dem Jahr 2019: Im Internet sind (fast) alle – und verbringen dort viel Zeit.

„Das Internet ist für Jugendliche kein reines Unterhaltungsmedium: Zwar nutzen fast alle jugendlichen Onliner (96 %) mindestens einmal täglich ein soziales Medium (Messengerdienste und/oder soziale Netzwerke), und drei von vier (76 %) gehen zumindest einmal am Tag zu Unterhaltungszwecken ins Netz [...]. Aber es sind auch 71 %, die mindestens einmal am Tag im Internet nach Informationen suchen (Informationen allgemein, für Schule, Ausbildung oder Beruf und/oder zu Politik und Gesellschaft)."

(Quelle: Shell Deutschland Holding (Hrsg.): Jugend 2019. Eine Generation meldet sich zu Wort. Weinheim, Basel 2019, S. 227 ff.)

Hinweise zum Umgang mit Bildern und Nachrichten

Im Internet kann jede Person Informationen frei verbreiten, ohne dass diese vorher geprüft werden müssen. Faktenchecks ermöglichen die Überprüfung von Informationen, die in den sozialen Medien oder im Internet kursieren. Hierfür gibt es ein Paar Tools und Anbieter, die sich bewährt haben.

Selbstcheck

Wie können Sie selbst Nachrichten auf ihre Echtheit überprüfen? Ein paar Fragen können Ihnen helfen, herauszufinden, ob die Nachricht oder der Post wahr sein können.

Diese Fragen bieten einen Leitfaden zur Prüfung der Echtheit von Nachrichten:

1. Wer steckt hinter dem Post?
2. Ist die Webseite seriös?
3. Wer und was steht im Impressum?
4. Und wenn es keine Webseite gibt?
5. Wie seriös wirken Text und Bild?
6. Was steht im Text und wie ist er aufbereitet?
7. Stimmen Bild und Kontext?
8. Was ist mit Quellen?
9. Deckt sich die Nachricht mit anderen Berichten zum Vorfall?
10. Gibt es Faktenchecks?

Fake oder Fakt?

Ein Link, ein Bild oder ein Video wirkt komisch. Was tun?

Schritt 1: Teilen? Ignorieren?

Bevor Sie einen Link teilen, denken Sie kurz nach: Haben Sie den Inhalt schon woanders gelesen? Teilen Sie nicht spontan. Gemeinsam können wir die Verbreitung von Fake News verhindern – indem wir nicht voreilig Inhalte teilen.

Schritt 3: Fragen Sie sich: Wer steckt hinter dem Beitrag?

Ein Blick ins Impressum einer Website gibt Ihnen Informationen, wer hinter der Quelle steckt. Ist die Quelle vertrauenswürdig? Mit Hilfe von Suchmaschinen erfahren Sie mehr über die Firma, Organisationen und Namen. Folgende Tipps helfen:

Vertrauensvolle Quellen:
- Forschungsinstitute, Expert*innen mit einem passenden thematischen Hintergrund
- Nachrichtenagenturen (z. B. dpa, ap, RND, …)
- etablierte Medien (z. B. F.A.Z., ZDF, …)
- Behörden oder Nichtregierungsorganisationen, die zum Beispiel selbst Statistiken erheben

Vorsicht bei:
- Privatpersonen (Aussagen von Privatpersonen lassen sich schlecht nachprüfen)
- Youtube-Kanal, ein Blog mit starker politischer Meinung, Instagram- oder TikTok-Post (wo die Quelle nicht klar ist)

TIPP

Kann ich etwas über die Person herausfinden? Social Media Timelines verraten oft mehr über die Interessen und Überzeugungen der Urheber.

Schritt 2: Prüfe: Stimmt die Behauptung?

Eine kurze Stichwortsuche im Internet hilft meistens, um weitere Berichte zu dem Thema zu finden.

Ich finde keine anderen Berichte.

Ich finde vertrauensvolle Quellen oder einen Faktencheck. ✓

Schritt 4: Wie ist die Nachricht geschrieben?

Desinformationen werden verbreitet, um Menschen bewusst in die Irre zu führen (Manipulation). Sie sind oft stark emotionalisiert. Schauen Sie, ob der Text reißerisch geschrieben ist, um die Meldung wichtiger wirken zu lassen. Solche Nachrichten lösen Vorurteile, Wut oder Angst aus. Urheber*innen schaffen so mehr Klicks und eine größere Reichweite für Fakes.

TIPP
Viele Falschmeldungen sind erfolgreich, weil sie einfach so stehen gelassen werden. Teilen Sie Ihre gesammelten Quellen in Kommentarspalten unter Posts oder in Ihrer Chat-Gruppe: Medienberichte, Faktenchecks und ihre Schlussfolgerung.

Quelle: Schaubild nach correctiv.org

Wer bietet Faktenchecks an?

Die Non-Profit-Organisation CORRECTIV betreibt investigativen Journalismus und macht Faktenüberprüfungen für alle Menschen zugänglich. Sie geben Tipps, wie man vertrauenswürdige Quellen erkennt. Finanziert werden sie durch Spendengelder, da sie für alle Menschen frei zugänglich sein möchten.

Meldungen, die man für falsch hält, können dem Faktencheck-Team von CORRECTIV zur Prüfung eingereicht werden. Dies geht über ein Kontaktformular oder sogar über WhatsApp. CORRECTIV war unter anderem bei der Aufklärung über den CumEx-Steuerskandal beteiligt und hat die Spendenaffäre der AfD aufgedeckt.

CORRECTIV Faktencheck

- https://correctiv.org/faktencheck/
- bei WhatsApp unter +49-151-17535184
- über das Kontaktformular https://forms.crowdnewsroom.org/corona-fakenews/corona-fakenews/new-slide

Auch die dpa (kurz für: Deutsche Presseagentur) bietet einen Faktencheck an. Als unabhängige Nachrichtenagentur und Gemeinschaftsunternehmen von deutschen Medien wollen sie journalistische Ethik bestärken und das Format des Faktenchecks als Vertrauen stärkendes Instrument etablieren.

Unter faktencheck@dpa.com nimmt die Agentur Vorschläge zum Check entgegen. Hier finden Faktenüberprüfungen sogar in drei Sprachen statt: Deutsch, Englisch, Französisch. Das Faktencheck-Ergebnis der dpa umfasst drei Teile: Der erste stellt noch mal die zu prüfende Nachricht dar. Der zweite Teil ist eine Bewertung durch die Redakteur*innen. Der abschließende dritte Teil begründet die Bewertung der Redakteur*innen. Jegliche Quellen, die für den Check genutzt wurden, werden genannt. Eigene Berichtigungen des Faktencheckartikels werden zudem immer transparent gemacht.

Das Nachrichtenformat BAIT aus Österreich unterstützt insbesondere Jugendliche dabei, selber Fakten zu prüfen. Auf TikTok posten sie täglich Videos mit Tipps und eigenen Faktenchecks. Jugendliche können die BAIT-Redakteur*innen mithilfe der Videos bei deren journalistischen Recherchen begleiten und lernen so, Falschmeldungen aufzudecken. Mehr dazu finden Sie über: @bait.faktencheck auf TikTok und Instagram.

Wie geht man mit gefälschten Bildern um?

Die Entwicklungen im Bereich der Künstlichen Intelligenz (KI) ermöglichen es nun auch, täuschend echte Bilder zu jeder erdachten Situation zu erstellen. So kursierten Fotos in den sozialen Medien, die wahlweise Trump oder Putin bei einer Festnahme durch die Polizei zeigen.

Die Manipulation von Fotos ist zwar kein neues Phänomen, die Entwicklungen in diesem Bereich sind jedoch rasant. So ist es, dass es immer leichter fällt, auch Bilder zu fälschen. Gleichzeitig verbreiten sich „Falschbilder" durch soziale Medien immer schneller und erreichen immer mehr Menschen.

Insbesondere die Weiterentwicklung von KI und Bildbearbeitungsprogrammen sowie ihre einfache Handhabung heutzutage tragen dazu bei, dass Fotos und Videos so einfach wie nie umgestaltet werden können. Dabei werden mittlerweile nicht nur „echte" Vorlagen bearbeitet, die KI kann Personen, Orte und Situationen auch frei erstellen.

Zu den wichtigsten Strategien des Faktchecking bei Bildern gehört es, ähnlich wie bei Textnachrichten, die Quellen zu hinterfragen und zu prüfen. Eine gute Hilfe ist überdies die Rückwärtssuche von Google. Mit dieser kann man herausfinden, in welchen Kontexten das Bild verwendet wird und welche Informationen dazu verbreitet werden, z. B. mithilfe von https://images.google.com, https://tineye.com/, https://yandex.com/ oder Google Lens (App).

Eine weitere sehr gute Möglichkeit, mehr über das Bild zu erfahren, ist die Abfrage von Metadaten über Seiten wie https://www.exifdata.com/. Sie helfen, Entstehungsort, Datum und Uhrzeit der Aufnahme nachzuvollziehen.

Oft hilft es schon, einen genaueren Blick auf das Bild an sich zu werfen. Die Gesichter haben zumeist eine „unnatürliche", wachsartige Farbe und Oberflächenstruktur, und bisher fällt es KI schwer, Augen und Augenfarben natürlich abzubilden. Gerade bei KI-Darstellungen von Menschen passieren oftmals „kleinere Fehler", beispielsweise sind ein Paar Finger zu viel oder – wie auf dem Beispielbild hier – der Arm ist schlicht zu kurz. Trumps rechter Arm wirkt stark verkürzt, die Hand, die angeblich von dem linken Polizisten ergriffen wird, wirkt eher klauenartig. Auch wirkt die Gesichtshaut des rechten Polizisten glatt und wachsartig, während die Hände natürlicher wirken. Ein Upload auf www.tineye.com oder www.yandex.com führt zu unzähligen Seiten von weltweiten Newsmedien, die dieses Bild als Fake entlarven.

Beispiel

Durchführung einer Recherche

An sich ist die Durchführung einer Suchaufgabe einfach. Man gibt den Sachverhalt, den Namen einer Person, über die man Informationen erfahren will, oder der Institution, über die man etwas wissen möchte, bei einer gängigen Suchmaschine (z. B. Google, Bing, DuckDuckGo etc.) ein und erhält sofort reichhaltig Auskunft. Man wird mit Mitteilungen förmlich überschwemmt. Die Aufgabe, Wichtiges von Unwichtigem zu trennen, ist schwierig. Erstens: Eine klare Fragestellung hilft weiter. Zweitens: Geben Sie mehr als ein Suchwort ein, hilft es a), dieses in Anführungszeichen zu setzen und b), direkt in der Browsersuche einzuschränken, welches Format (Text, Audio, ...) Sie interessiert. Man nimmt von der Informationsflut nur das zur Kenntnis, was einem bei der Beantwortung dieser Frage weiterhilft.

Bei einer Online-Recherche helfen die folgenden Fragen weiter:

- Wie viel Zeit möchte ich für die Recherche aufwenden? Setzen Sie sich ein Zeitlimit.
- Worüber genau möchte ich Auskunft erhalten (klare Fragestellung)?
- Mit welchen Namen, Begriffen und Schlagworten grenze ich den Suchauftrag im Internet ein?
- Wie seriös und glaubwürdig ist die Quelle, über die ich Informationen beziehe? Habe ich erste Anlaufstellen wie z. B. tagesschau.de oder die Bundeszentralen und Landeszentralen für politische Bildung?

- Sind Informationen über die Anbieter*innen gegeben? Wer oder welche Einrichtung zeichnet für die Seite verantwortlich (Impressum/Autorenschaft)?
- Sind die Informationen sachlich korrekt?
- Sind die Informationen aktuell? Ist ein Aktualisierungsdatum eingetragen?
- Ist die Strukturierung der Inhalte transparent, logisch und der Sache angemessen?
- Werden Quellen und Zitate korrekt angegeben?
- Welche Absichten werden mit dem gefundenen Text verfolgt? Soll ich beeinflusst werden?

Über 90 Prozent der Suchanfragen werden an Google gerichtet. Wie jede andere Suchmaschine verwendet Google Algorithmen, um die Suchergebnisse aus dem Internet zu generieren. Große Datenmengen können mithilfe von Algorithmen nach Mustern und Zusammenhängen durchforstet und ausgewertet werden. Sucht man ausschließlich bei Google, verlässt man sich allein auf diese Algorithmen. Andere Suchmaschinen bringen auf Anfragen andere Ergebnisse. Grundsätzlich gilt, dass man immer mehrere Suchmaschinen verwenden sollte. Erst ein Vergleich der gefundenen Informationen erlaubt deren Bewertung.

Suchmaschinen

Google	https://www.google.de
Yahoo	https://search.yahoo.com
Bing	https://www.bing.com
DuckDuckGo	https://www.duckduckgo.com
Start Page	https;//www.startpage.com

Ein neues Recherchephänomen ist ChatGPT, ein Chatroboter, der mittels künstlicher Intelligenz Fragen im Handumdrehen beantworten kann. Zwar klingen die Antworten des ChatGPT gut und sind sprachlich beeindruckend. Sie sind jedoch nicht immer sachlich korrekt, da ChatGPT nur wiederverwertet, was es an Informationen im Internet gibt.

Ein Recherchebeispiel

Im Zusammenhang mit der Partei Alternative für Deutschland (AfD) fällt oft das Fremdwort „Rechtspopulismus“. Will man wissen, was damit gemeint ist, gibt man das Fremdwort in die Suchmaschine Google ein. An erster Stelle erscheint heutzutage oft ein Text von Wikipedia. Es kann sein, dass hier auch viele Fremdworte gebraucht werden. Gerade bei solchen Begriffen wird auch oft die Bundeszentrale für politische Bildung (BpB) in der Suche erscheinen. Die BpB ist vertrauenswürdig (übrigens können auch Videos angezeigt werden). Über Links findet man vertiefende Angebote.

Tipp: Die Bundeszentrale für politische Bildung für die Recherche über Personen des politischen Zeitgeschehens und Sachverhalte zu nutzen, kann aus mehreren Gründen empfohlen werden: (1) Die BpB ist auf Politik spezialisiert. Ihre Informationen beruhen auf sorgfältigen und fachkundigen Untersuchungen. (2) Sie ist zur Neutralität verpflichtet. Man kann sicher sein, keine einseitige, womöglich parteipolitische Darstellung zu erhalten. (3) Die BpB bemüht sich um eine klare, leicht verständliche Sprache.

Neben der BpB gibt es in jedem Bundesland noch eine Landeszentrale für politische Bildung (LpB). Die Landeszentralen bieten auf ihren Homepages ebenfalls Dossiers, Informationen zum politischen Zeitgeschehen und Links zu anderen Institutionen, Ministerien und Organisationen an. Merken Sie sich: In aller Regel kann man über die Homepages auch kostenfreie oder kostengünstige Zeitschriften und Bücher bestellen. Die BpB richtet sich mit ihren Angeboten an alle, die in der Bundesrepublik Deutschland wohnen. Wenn man sich einen raschen Überblick über die Angebote der Landeszentralen und der BpB verschaffen will, lohnt sich ein Blick auf www.politische-bildung.de. Dieses Informationsportal der Bundes- und der Landeszentralen informiert über aktuelle politische Themen und neue Publikationsangebote.

Wichtig noch: Mit „copy und paste“ in z. B. OneNote oder Word können Sie sich die gefundenen Informationen und (!) die Quellen abspeichern. Möglich ist auch, im Browser (Firefox, Edge etc.)

einen Ordner mit Ihrer Suche zu speichern! Denn wichtig ist: Merken Sie sich, woher Sie Ihre Infos haben und was Ihre Quelle war (mit Datum!).

Hinweise zum Umgang mit Statistiken und Schaubildern

Unter Statistiken versteht man eine geordnete Menge von Informationen in Form von Zahlenwerten. Diese Zahlenwerte sind entweder in Form einer Tabelle angeordnet oder in Diagramme, Grafiken bzw. Schaubilder umgesetzt. Wenn Zahlenwerte nach wissenschaftlichen Methoden ermittelt werden, haben sie den Vorteil, dass sie exakt und vergleichbar sind. Trotzdem ist bei der Interpretation von Statistiken Vorsicht geboten!

Beim Umgang mit Schaubildern haben sich folgende Arbeitsschritte bewährt:

1. Verschaffen Sie sich zunächst einen **Überblick** über den Aufbau der Tabelle bzw. des Diagramms. Klären Sie Begriffe und Abkürzungen.
2. Die **Tabellenüberschrift** kann eine erste Hilfe bei der Auswertung sein.
3. Werden **absolute Zahlen** (die uneingeschränkt Mengen und Häufigkeiten angeben; z. B. Bevölkerungszahlen) oder **relative Zahlen** (die einen Zusammenhang zwischen einem Zahlenwert zu einer anderen Größe herstellen; z. B. Bruttoinlandsprodukt/Einwohner) verwendet? Oder handelt es sich um **Indexzahlen**, bei denen ein bestimmtes Jahr – das so ge-

nannte Basisjahr – als 100 gesetzt wird und die anderen Jahre (z. B. Preisindex für die Lebenshaltung) sich darauf beziehen?

4. Lassen sich aufgrund der Zahlen **Beziehungen, Verläufe** und (zeitliche) **Entwicklungen** formulieren?
5. Wichtig für die **Glaubwürdigkeit** ist, woher die Statistik stammt (**Quellenangabe**).
6. Prüfen Sie die **Aktualität** der Tabelle bzw. des Diagramms.

Schaubilder veranschaulichen Zusammenhänge graphisch und reduzieren aus Gründen der Anschaulichkeit den Inhalt auf das Wesentliche. Manche Schaubilder sind mit einem erläuternden Text versehen. Trotzdem ist es nicht immer leicht, sich in der Vielfalt von Formen, Farben und Linien zurechtzufinden. Genaues Hinsehen und drei gedankliche Schritte helfen beim Verständnis:

1. Erfassen Sie zunächst alle **schriftlichen Informationen**.
2. Nehmen Sie sich **systematisch die Kleinigkeiten** vor:
   - Was bedeutet ein Pfeil?
   - Welche Beziehungen stellen die Pfeile dar?
   - In welche Richtung gehen die Pfeile?
   - Aus welcher Richtung kommen die Pfeile?
   - Muss man das Schaubild von unten nach oben oder umgekehrt lesen?
   - Welche Bedeutung haben die verschiedenen Formen und/oder Symbole?

3. In einem dritten und letzten Schritt können Sie sich an die **Interpretation** des Schaubildes, Diagramms oder der Zahlenangaben machen.

Beispiele

Beim Umgang mit Zahlenangaben und Statistiken ist stets Vorsicht geboten! Frei nach Winston Churchill nutzen die Zahlenangaben dem Autor so viel wie eine Laterne einem Betrunkenen. Sie dienen mehr der Stützung (der eigenen Argumentation) als der Erhellung.

Mit Zahlenangaben lassen sich kleine, eher unscheinbare Effekte in spektakuläre und reißerische Zeitungsnachrichten verwandeln. Einige Beispiele sollen diese verdeutlichen.

Im Hamburger Abendblatt konnte man am 1. Juli 1998 unter der Überschrift „Beißfrequenz" folgende Zeilen lesen: „ Hunde beißen am liebsten Männer, Katzen bevorzugen ältere Frauen und Pferde Mädchen." Dies – so die Zeitung – habe ein Mediziner aus Norwegen herausgefunden, der anhand von Verletzungen seiner Patient*innen das Beißverhalten von Tieren untersucht hat. Die amüsante Fehlinterpretation lässt sich rasch aufklären. Wer beobachtet, welche Menschen mit welchen Tieren umgehen, wird leicht entdecken, dass ein Pferd oft kaum eine andere Wahl hat, als ein in Pferde vernarrtes Mädchen zu beißen. Gleiches gilt für Katzen, die in der Regel von älteren Frauen gehalten werden. Ebenso wie für Hunde, die überdurchschnittlich häufig Männern gehören.

In Focus Online war Anfang 2012 folgende Schlagzeile zu lesen: „Hai-Angriffe: Doppelt so viele Tote wie 2010." Diese Nachricht erschreckte viele Leser*innen, die ihre Ferien am Meer verbringen wollten. Die interessante Frage ist aber eine ganz andere: Wie viel ist doppelt so viel? 2010 wurden weltweit sechs tödliche Haiattacken registriert, 2011 hingegen zwölf. Mit anderen Worten: Die absolute Zunahme betrug sechs Todesopfer weltweit, die relative Zunahme tatsächlich „doppelt so viele".

Auch über die Rangfolge von statistischen Angaben kann man trefflich streiten. Die kleine Tabelle zeigt die während der Olympischen Sommerspiele in Peking 2008 gewonnenen Medaillen.

Land	Gold	Silber	Bronze	Insgesamt
USA	36	38	36	110
China	51	21	28	100

Wie erklärt es sich nun, dass die *New York Times* für die USA den ersten Platz reklamierte, die chinesische Zeitschrift *People's Daily* Rang 1 an China vergab? Die Erklärung ist simpel: Die New York Times zählte die Gesamtzahl der gewonnenen Medaillen. Die chinesische Zeitschrift nahm lediglich die Goldmedaillen als Maßstab ihrer Wertung.

Immer wieder sorgen Armutsberichte oder Armutsstatistiken für Schlagzeilen. Doch messen diese Berichte die tatsächliche Armut? Bei der Berechnung der Armutsquoten werden alle

Personen gezählt, die in Haushalten leben, deren Einkommen weniger als 60 Prozent des mittleren Einkommens aller Haushalte beträgt. Erfasst werden also Personen, die weniger als 60 Prozent des mittleren Einkommens zur Verfügung haben. Problematisch ist, dass die Armutsquote allein an diesem Kriterium gemessen wird und nicht die absolute Höhe der Einkommen berücksichtigt. Wenn also alle Bundesbürger*innen von heute auf morgen 1.000 Euro mehr im Monat verdienen würden, bliebe die Quote der von Armut Gefährdeten gleich.

Hinweise zum Umgang mit Karikaturen

Karikaturist*innen beobachten kritisch das gesellschaftliche und politische Geschehen. Auf ironische oder satirische Weise visualisieren sie in ihren Karikaturen soziale Probleme und aktuelle politische Konflikte. Karikaturen zu politischen Auseinandersetzungen veralten rasch. Im Gegensatz dazu behalten Karikaturen zu Problemen oftmals bis zu deren Lösung ihre Aktualität. Karikaturist*innen zeichnen herausfordernd einseitig und parteilich. Fast immer übertreiben sie. Die große Kunst einer Karikatur besteht darin, den abstrakten Inhalt zu personalisieren oder scheinbar zu konkretisieren und so den Betrachter*innen zugänglich zu machen.

Eine Karikatur zeigt Politiker*innen durch Hervorhebung besonderer Merkmale zumeist ironisch verfremdet. Die Leser*innen freuen sich über das Aussehen und die zugespitzten Aussagen. Beim ersten Ansehen muss man lachen. Setzt man sich mit dem Inhalt aber näher auseinander, dann merkt man, dass das Verständnis einer Karikatur gar nicht so einfach ist. Die Botschaft präzise zu erfassen, fällt schwer.

Noch mehr gilt dies für Karikaturen, die Probleme thematisieren. Sie enthalten konkrete Personen in alltäglicher Umgebung. Der Vorgang, den die Karikatur darstellt, ist einem vertraut. Er steht aber für ein abstraktes, zumeist recht komplexes Problem. Die Darstellung macht den Zugang zunächst einfach. Man muss lachen. Wenn man aber erklären soll, warum man lacht, dann merkt man, wie mühsam die Deutung ist.

Auch für die Interpretation einer Karikatur hat sich eine Abfolge bewährt:

1. Zunächst werden mit Hilfe der **Überschrift** und dem **Text** unter der Karikatur der **Anlass** und der **Themenzusammenhang** genannt.
2. Akteur*innen und Gegenstände einer Karikatur werden von Karikaturist*innen gerne auf Symbole reduziert oder symbolhaft verdichtet. Nach der Beschreibung wird erklärt, **für was die Symbole stehen**.
3. Erst danach wird der **Sachverhalt** (soziales oder politisches Problem/Konflikt) abstrakt, aber in der übertriebenen, einseitigen und parteilich verzerrten Sichtweise der Karikaturist*innen genannt.
4. So vorbereitet, können die Betrachter*innen zu der Sichtweise der Karikaturist*innen Stellung nehmen. Die übertriebene, einseitige und provozierend verzerrte Aussage weckt das eigene

politische Bewusstsein und fordert einen zu einem abgewogenen **Urteil** heraus.

Mögliche Fragen zur Analyse von Karikaturen	
Was?	Was ist zu sehen? Welches Thema/Problem ist zu sehen? Welche handelnden Personen sind dargestellt?
Wie?	Welche Auffälligkeiten gibt es? Wie werden Personen dargestellt? Welche Stilmittel verwendet die Karikatur?
Wer?	Wer hat die Karikatur gezeichnet? In wessen Auftrag? Was ist über die Karikaturist*innen und ggf. die Auftraggeber*innen bekannt?
Wann?	Wann ist die Karikatur entstanden? Was wissen Sie über diese Zeit?
Warum?	Was wollen die Karikaturist*innen erreichen? Wer oder was wird thematisiert? Warum wird gerade dies thematisiert?
Wirkung?	Welche Gefühle löst die Karikatur bei Ihnen aus? Wie wirkt sie wohl auf Betroffene? Wie wirkt sie wohl auf die Betrachtenden?

(Nach: Uppendahl 1978)

Zwei Beispiele

„So leben wir, so leben wir, so leben wir alle Tage ..."

Quelle: Jupp Wolter

Eine Überschrift fehlt. Der Liedtext hilft zunächst auch nicht, den Zusammenhang, in dem die Karikatur steht, zu benennen.

Daher muss die Interpretation der Karikatur mit der Beschreibung beginnen. Drei fröhliche Matrosen treiben auf einem Floß im Ozean. Die Sonne geht unter. Das Floß wird immer kleiner und damit seeuntüchtiger, da die Matrosen das Floß Stück um Stück verfeuern. Der Betrachter weiß: Wenn die Matrosen so weiter machen, werden das Floß und mit ihm die Matrosen sehr bald untergehen. Doch das scheint ihrer Fröhlichkeit keinen Abbruch zu tun. Fröhlich singen sie: „So leben wir, so leben wir, so leben wir alle Tage ...". Offenkundig ist ihnen die Gefahr gar nicht bewusst, in der sie sich befinden. Der Leser aber besitzt die Gewissheit: So werden sie garantiert nicht alle Tage weiterleben. Bald wird es ein böses Erwachen geben und dann ist es zu spät.

Die Matrosen stehen stellvertretend für die Menschen auf dieser Erde. Sorglos verbrauchen wir die zum Überleben notwendigen Ressourcen. Wir stehen kurz vor dem Untergang, leben und verbrauchen aber fröhlich weiter, als ob es keine Gefahren und kein Morgen gäbe.

Diese Karikatur behandelt ein globales Problem und besitzt seit Jahrzehnten zunehmende Aktualität. Der Karikaturist Jupp Wolter (1917–1993) war für seine spitze Feder berühmt. Seine Floßkarikatur besitzt bis heute geradezu zeitgeschichtlichen Rang.

Quelle: Gerhard Mester

Die Zeichnung (S. 109) hat keinen Titel und keine Sprechblase, die erste Schlüsse zulassen. Die Karikatur bildet ein bekanntes Kinderspiel ab: „Die Reise nach Jerusalem". Bei diesem Spiel ist stets ein Stuhl weniger vorhanden als Spieler*innen. Nach jeder Spielrunde scheidet die Person, die keinen freien Stuhl ergattern konnte, aus. In der Zeichnung „konkurrieren" 17 Menschen um nur drei Stühle, auf denen rote Sitzkissen mit der Aufschrift „Willkommen" liegen. Am oberen rechten Bildrand stehen drei Personen: zwei Uniformierte und der damalige Bundesinnenminister Thomas de Maizière mit einem Asylgesetz unter dem Arm. Die wenigen Stühle stehen in einem krassen Missverhältnis zur „Willkommenskultur". Die am rechten Bildrand stehenden drei Personen symbolisieren die Härte in der Gesetzesanwendung und gegebenenfalls die drohende Abschiebung. Einer der Uniformierten hat einen Schlagstock in der Hand – ein Symbol, eine mögliche Abschiebung mit der Macht der Behörden auch tatsächlich durchzuführen.

Der krasse Gegensatz von 17 Menschen und drei Stühlen sowie der Schlagstock deuten auf eine beschämende Debatte über Quoten und das Errichten von Grenzzäunen im Jahr 2015 hin. Eine gemeinsame europäische Migrations- und Flüchtlingspolitik existierte damals nicht. Daran hat sich bis heute im Grunde nur wenig geändert.

Die Karikatur stammt aus der Feder des in Wiesbaden lebenden freiberuflichen Karikaturisten Gerhard Mester, der unter anderem für das „Deutsche Allgemeine Sonntagsblatt", den „Wiesbadener Kurier" und die „Thüringer Allgemeine" zeichnet.

SCHLUSS

Der kleine Leitfaden will Unterstützung dabei geben, Politik zu durchschauen. Ob es Erfolg hat, hängt allein von Ihnen ab. Ihr demokratisches Denken und Handeln tragen zum Bestand der Demokratie bei. Demokratie braucht Bürger*innen, die sich für Politik interessieren und sich an ihr beteiligen. Bringen Sie die Bereitschaft auf, Ihre politischen Fähigkeiten zur Wahrnehmung Ihrer Bürger*innenrolle in der Demokratie zu nutzen. Dazu gehört Mut.

„Wir brauchen den Mut, zu sagen, was ist, und auch den Mut zu sagen, was nicht ist. Wir müssen den Anspruch, Fakt und Lüge zu unterscheiden, diesen Anspruch müssen wir an uns selbst stellen. Das Vertrauen in die eigene Urteilskraft, das ist das stolze Privileg eines jeden Bürgers, und sie ist die Voraussetzung für jede Demokratie. Wir brauchen den Mut, einander zuzuhören, die Bereitschaft, das eigene Interesse nicht absolut zu setzen, das Ringen um Lösungen in einer Demokratie nicht als Schwäche zu empfinden, die Realität nicht zu leugnen, sondern sie verbessern zu wollen. Und wir brauchen den Mut, zu bewahren, was wir haben. Freiheit und Demokratie in einem vereinten Europa, dieses Fundament, das wollen wir, das müssen wir miteinander verteidigen."

(Frank-Walter Steinmeier nach seiner Wahl zum Bundespräsidenten am 12. Februar 2017)

Literaturempfehlungen

GRUNDGESETZ FÜR DIE BUNDESREPUBLIK DEUTSCHLAND. Bonn. (erhältlich bei der Bundeszentrale für politische Bildung).

ACKERMANN, Paul/**MÜLLER**, Ragnar (2015): Bürgerhandbuch. Politisch aktiv werden, Öffentlichkeit herstellen, Rechte durchsetzen. 4., komplett überarbeitete und erweiterte Auflage. Schwalbach/Ts.

BUCHSTEIN, Hubertus/**POHL**, Kerstin/**TRIMÇEV**, Rieke (Hg.) (2017): Demokratietheorien – Von der Antike bis zur Gegenwart. Texte und Interpretationshilfen. 10., vollständig überarbeitete Auflage. Frankfurt/M.

DETTERBECK, Klaus (2020): Parteien im Auf und Ab. Neue Konfliktlinien und die populistische Herausforderung. Stuttgart.

KOST, Andreas/**MASSING**, Peter/**REISER**, Marion (Hrsg.) (2020): Handbuch Demokratie. Frankfurt/M.

MERKEL, Angela (2021): Was also ist mein Land? Drei Reden. Berlin.

NOLTE, Paul (2015): Die 101 wichtigsten Fragen. Demokratie. München.

SCHUBERT, Klaus/**KLEIN**, Martina (2021): Das Politiklexikon. Begriffe, Fakten, Zusammenhänge. 8., überarbeitete und erweiterte Auflage. Bonn.

SLOMKA, Marietta (2022): Nachts im Kanzleramt. Alles, was man schon immer über Politik wissen wollte. München.

WINKLER, Heinrich August (2021): Wie wir wurden, was wir sind. Eine kurze Geschichte der Deutschen. 3. Auflage, München.

Glossar

AMPEL-KOALITION: Mit Ampel-Koalition wird eine Regierungskoalition der drei Parteien SPD, FDP und Bündnis 90/Die Grünen bezeichnet, da die traditionellen Farben dieser Parteien den Ampelfarben (rot-gelb-grün) entsprechen.

BÜRGER*INNEN: Bürger*innen sind freie und politisch vollberechtigte Einwohner*innen eines Staates mit Rechten (Bürgerrechten), die in der Verfassung und in Gesetzen festgelegt sind, sowie Pflichten (z. B. die Einhaltung von Gesetzen, Steuerpflicht). Bürger*innen eines EU-Mitgliedstaates sind zugleich EU-Bürger*innen.

DEMOKRATIE: Demokratie kann man mit dem amerikanischen Präsidenten Abraham Lincoln als das Regieren des Volkes, durch das Volk und für das Volk bezeichnen. In Artikel 20 Absatz 2 Grundgesetz heißt es entsprechend dieser Definition: „Alle Staatsgewalt geht vom Volke aus“ (Regieren des Volkes). Die Staatsgewalt „wird vom Volke in Wahlen und Abstimmungen“ (Regieren durch das Volk) und „durch besondere Organe der Gesetzgebung, der vollziehenden Gewalt und der Rechtsprechung ausgeübt“ (Regieren für das Volk).

EUROPÄISCHE UNION (EU): Die EU kann man sich als eine Art Zweckverband mit eigenen Kompetenzen vorstellen. Die EU erfüllt Aufgaben, die europäische Nationalstaaten in einer globalisierten Welt zum Nutzen und Schutz ihrer Bürger*innen allein nicht mehr bewältigen können. Um Einflussmöglichkeiten in der Welt zu behalten und neue hinzu zu gewinnen, geben die Mitgliedstaaten schrittweise Hoheitsbefugnisse und Zuständigkeiten an die EU ab. Gegenwärtig gehören zur EU 27 Staaten. Im Vereinigten Königreich stimmten 2016 knapp 52 Prozent der Wähler*innen in einem Referendum für den Austritt Großbritanniens aus der EU (Brexit).

GEWALTENTEILUNG: Die Gewaltenteilung geht auf den französischen Staatstheoretiker Charles de Montesquieu zurück. Zum Schutz der Demokratie vor Gewalt und Willkürherrschaft werden die Exekutive (die vollziehende Gewalt, d. h. Regierung und Verwaltung), die Legislative (die gesetzgebende Gewalt, d. h. Parlament, Bundestag und Landtage) und die Judikative (das Rechtswesen) voneinander getrennt (s. Stichwort Demokratie). So können die Legislative die Exekutive und die Judikative Exekutive und Legislative kontrollieren. Da Parlamentsmehrheit und Regierung durch zahlreiche Verschränkungen miteinander verbunden sind, bildet die Unabhängigkeit der Gerichte das wichtigste Element der Gewaltenteilung. Eine unabhängige Presse als sogenannte vierte Gewalt informiert die Öffentlichkeit und macht auf Gefahren für die Demokratie aufmerksam.

GRUNDWERTE: Grundwerte der Demokratie sind Freiheit, Gleichheit und Solidarität. Hinzu kommen die Grundwerte Leben und Frieden. Ohne den Grundwert Leben kann es die anderen Grundwerte gar nicht geben. Ohne den Grundwert Frieden können sich die drei Grundwerte Freiheit, Gleichheit und Solidarität nicht entfalten.

INTERESSE: Jeder Mensch verfolgt Interessen. Da Menschen sich für unterschiedliche Interessen (Geld, Macht, Ansehen, aber auch Werte, Normen, Ideen) einsetzen, kommt es bei Problemlösungen in der Familie, in der Gesellschaft und in der Politik fast immer zu Konflikten. Der beste Zugang zum Verständnis von Auseinandersetzungen ist die Frage nach den Interessen der daran beteiligten Personen, Verbänden oder Parteien.

JAMAIKA-KOALITION: Als Jamaika-Koalition wird eine Regierungskoalition der drei Parteien CDU/CSU, FDP und Bündnis 90/Die Grünen bezeichnet, da die traditionellen Farben dieser Parteien (schwarz, gelb, grün) der Flagge des Karibikstaates Jamaika entsprechen.

KABINETT: Die Bundesregierung wird auch Kabinett genannt. Die Bundesregierung besteht nach Artikel 62 des Grundgesetzes (GG) aus dem Bundeskanzler bzw. der Bundeskanzlerin und aus den Bundesminister*innen.

LEGALITÄT: In einem demokratischen Rechtsstaat muss das Verhalten von Bürger*innen, von gesellschaftlichen Gruppen wie Verbänden und Bürgerinitiativen sowie von Parlament, Regierung, Verwaltung und Rechtsprechung den Gesetzen entsprechen.

LEGITIMITÄT: Demokratische Herrschaft und demokratische Ordnung rechtfertigen sich durch das Regieren „des Volkes, durch das Volk und für das Volk" (Abraham Lincoln). Im Mittelpunkt der Rechtfertigung stehen der freie Mensch und seine Würde. Beide bilden die Wurzeln demokratischer Grundwerte und Grundrechte. Daher stellt sich auch bei eigenen Urteilsüberlegungen die Frage nach der Legitimität und damit nach der Vereinbarung der eigenen Entscheidung mit den demokratischen Grundwerten und den Menschen- und Grundrechten.

MACHT und **HERRSCHAFT**: Macht besitzt eine Person oder Gruppe, die ihre Ziele gegen die Widerstände anderer durchsetzen kann. In einem demokratischen Staat ist die willkürliche Ausübung von Macht ausgeschlossen. Mit Herrschaft wird die Ausübung von Macht im Rahmen eines institutionell festgelegten und kontrollierten Bereiches bezeichnet. Eine Regierung kann trotz großer Herrschaftsbefugnisse nicht alles machen, was sie für richtig hält. Sie muss sich an die Bestimmungen der Verfassung halten.

PARTEI: Parteien repräsentieren gesellschaftliche Interessen. Sie bekennen sich in ihren Programmen zu bestimmten politischen Werten und Zielvorstellungen, artikulieren unterschiedliche Vorstellungen und prägen so mit ihren Positionen die politische Debatte in der Öffentlichkeit. „Die Parteien wirken bei der politischen Willensbildung des Volkes mit." (Artikel 21 Absatz 1 Grundgesetz). Sie nehmen an Wahlen mit eigenen Kandidat*innen teil und streben dabei nach Präsenz und Mehrheiten in Parlamenten und Regierungen. Die innere Ordnung von Parteien muss demokratischen Grundsätzen entsprechen.

PLURALISMUS: Mit Pluralismus ist die freie Vertretung unterschiedlicher sozialer, wirtschaftlicher, wissenschaftlicher und politischer Interessen sowie weltanschaulicher Überzeugungen gemeint. Die freie Vertretung unterschiedlicher gesellschaftlicher und politischer Interessen durch Verbände und Parteien und eine auf Konkurrenz beruhende politische Willensbildung sind Kennzeichen eines demokratisch-pluralistischen Systems.

POLITIK: Politik kann mit den drei Dimensionen *policy, politics* und *polity* treffend beschrieben werden:

- ***policy*** **(INHALT):** Diese Dimension des Politischen verweist auf Aufgaben und Ziele der Politik. Im Mittelpunkt stehen Probleme und Problemlösungsvorschläge.
- ***politics*** **(PROZESS):** Hier geht es um die Auseinandersetzungen zur Durchsetzung oder Verhinderung von Problemlösungen. Die Austragung von Konflikten und die Herbeiführung von Entscheidungen (in einer Demokratie häufig durch Kompromisse in einer Konsenslösung) geben Aufschluss über politische Kräfteverhältnisse, Einflussnahme und Interessen.
- ***polity*** **(FORM/HANDLUNGSRAHMEN):** Diese Dimension des Politischen spricht den Rahmen an, in dem politische Prozesse zur Durchsetzung oder Verhinderung von Problemlösungen stattfinden. Bei innenpolitischen Problemen und Prozessen werden die Auseinandersetzungen durch die Verfassung, die Rechtsordnung und die Institutionen eines Staates kanalisiert.

POLITISCHE BETEILIGUNG: Eine Demokratie ist auf das Volk und damit auf die die Mitwirkung der Bürger*innen am politischen Willensbildungsprozess angewiesen. Politische Beteiligung setzt Informationen voraus (Bundespräsident Frank-Walter Steinmeier: „Informiert zu sein ist Bürgerpflicht – und ich glaube, Demokrat zu sein und uninformiert zu bleiben – das verträgt sich nicht.“).

REPRÄSENTATION: Repräsentation ermöglicht organisiertes politisches Handeln in einem großen Flächenstaat. In Wahlen vergibt das Volk, d. h. die Bürger*innen, Herrschaft auf Zeit. Durch Wahlen („Herrschaft durch das Volk") erhalten Abgeordnete in einer Volksvertretung (Parlament, Bundestag, Landtag, Stadtrat und Gemeinderat) den Auftrag und die Vollmacht, für die Wähler*innen zu handeln und über komplexe Sachfragen und Probleme zu entscheiden. Ohne Repräsentation („Herrschaft für das Volk") wäre die Herrschaft des Volkes und durch das Volk gar nicht möglich. Zur Repräsentation in einem demokratischen Staat gehört die Entscheidungsfreiheit der Abgeordneten.

STAAT: Der Staat ist die politische Ordnungsinstanz einer Gesellschaft. Zu einem Staat gehören Staatsvolk, Staatsgebiet und Staatsgewalt. Der Staat besitzt das Monopol auf die Anwendung von Gewalt, die Gesetzgebung und die Rechtsprechung. Die Bundesrepublik Deutschland ist ein demokratischer Rechtsstaat, Sozialstaat und Bundesstaat (Artikel 20 Absatz 1, Artikel 28 Absatz 1 Grundgesetz).